송도호, 행복한 관악을 구민과 함께 꿈꾸다

16년간 약속과 실천 그리고 책임으로 쌓아온 시간

송도호, 행복한 관악을 구민과 함께 꿈꾸다

송도호 지음

모아북스
MOABOOKS

송도호 의원은 16년 동안 한결같은 성실함으로 관악을 지켜온 정치인이다. 이 책은 관악 구석구석 골목마다 스며든 그의 땀방울과 치열한 발자국, 그 모든 헌신을 증명하는 기록이다. 주민과 함께한 흔적 하나하나가 깊은 감명이다. 변함없는 열정으로 지역 발전과 주민 복지에 기여할 것으로 믿으며 응원한다.

_ **박민규** 국회의원, 서울 관악구(갑)

관악구민이 있는 곳이면, 그리고 민원이 있는 곳이면 때와 장소 불문하고 나타나 경청하고 머리를 맞대 해결책을 모색해온 사람. 그의 그런 열정적인 의정활동이 고스란히 담겼다.

_ **정태호** 국회의원, 서울 관악구(을)

민생실천위원회 출정식을 함께하는 등 오랜 기간 정치적 동지로서 함께해온 그가 얼마나 현장에 충실한 풀뿌리 정치인인지 잘 안다. 이 책에는 그의 관악 사랑과 관악구민을 위한 비전이 알차게 담겼다.

_**전현희** 국회의원, 서울 중구 성동구(갑)

'서부선 국회 협의체'를 함께하면서 관악 발전을 위한 그의 열정에 놀랐다. 이 책에는 그의 계획과 비전, 그리고 꿈이 고스란히 담겨 있다.

_**박주민** 국회의원, 서울 은평구(갑)

얼마 전 핵심 당원 교육을 받을 때 나는 강사로 참여한 적이 있는데, 지역구민을 위한 열정만큼은 오히려 내가 배운 바가 더 컸다. 이 책은 그런 열정의 소산으로 읽힌다.

_**박홍근** 국회의원, 서울 중랑구(을)

송도호 의원을 보고 있으면 정치적 시선이 늘 낮은 곳을 향하는 모습이 진정한 서민의 벗이 되고자 하는 그의 면모가 이 책에 유감없이 담겨 있어 좋았다. 그가 더 큰 기회를 얻으면 좋겠다.

_**김영호** 국회의원, 서울 서대문구(을)

내가 꿈꾸는 관악

"우리 모두 더불어 행복한 도시"

청년이 머물고 싶은 관악

"청년이 살아야 마을이 살고,
도시가 살고, 나라가 삽니다."

가족이 다시 웃을 수 있는 관악

"가족이 행복한 집은 미리 누리는 천국입니다."

어르신이 안심하고 살 수 있는 관악

"우리는 나이가 드는 게 아니라
더 나아지는 것입니다."

우리에게 필요한 실천의 정치

정치는 말로 시작되고 말이 중요하지만, 그 말은 실천될 때 정치로서 의미 있다 하겠다. '정치인은 자기 말도 믿지 않으므로, 유권자가 자기 말을 믿을 때 가장 놀라워한다' 는 농담은 그저 농담만은 아닌 성싶다. 심지어는 자기가 무슨 말을 했는지조차 기억하지 못하는 일도 흔하다니 말이다.

'약속했으면 반드시 지키고, 지키지 못할 약속은 아예 하지도 말라' 는 우리 일상의 금언은 사실 정치인에게 가장 필요한 덕목이 아닐까 싶다.

정치와 정치인의 권위는 유권자의 신뢰에서 비롯한다. 그 신뢰는 말에 책임을 지는 언행일치로부터 나온다. 본인도 믿지 않는 공허한 말을 남발하는 정치인을 신뢰하는 시민은 아무도 없을 것이다. 신뢰를 잃는 정치는 무의미하고, 신뢰를 잃은 정치인은 아무 권위도 없으니 정치를 할 수 없다.

나는 정치인으로 살아 온 16년 동안 내 말에 책임을 지는 정치를 실천하고자 무진 애썼다. 물론 약점투성이인 사람인지라 언행이 어그러질 때가 흔하고 약속을 어길 때도 드물지 않았다. 나는 그럴 때는 거짓으로 상황을 모면하려 하는 대신 솔직하게 사정을 밝히고 진솔하게 사죄했다.

슈바이처는 "행동하지 않는 지성은 난로 위의 눈과 같다"고 했고, 사르트르는 "행동하지 않는 지성은 죽은 지성"이라고 했으며, 김대중 전 대통령은 이를 빌려 "행동하지 않는 양심은 결국 악의 편"이라는 말로 박정희 독재정권에 맞서 싸웠다.

나는 이를 빌려 "행동하지 않는 정치인은 대국민 사기꾼"이라는 말로 말에 책임을 지고 실천하는 정치에 대한 나의 결의를 다진다.

미국의 16대 대통령 에이브러햄 링컨이 남긴 유명한 말이 있다.

"국민의 일부를 끝까지 속일 수는 있다. 국민의 전부를 한동안 속일 수도 있다. 그러나 국민의 전부를 끝까지 속일 수는 없다."

씨알 함석헌 선생은 "생각하는 국민, 행동하는 국민이어야 살 수 있다"고 했다. 나는 말한다.

"행동하는 정치인이어야 정치를 바꾸고 세상을 바꿀 수 있다."

이 책이 나오기까지 응원하고 수고한 모든 분에게 감사한다.

2026년 벽두에, 송도호

차례

3

관악구의회 · 서울시의회
16년의 의정활동

4

나에게 정치는
무엇인가?

모든 승조원의 생사를 책임져야 하는 선장은
고독한 자리다.
선장은 무엇보다 바다를 좋아해야
그 임무를 원활히 수행할 수 있다.
그리고 엄격하게 통제되는 선상 생활의
어려움을 이겨내고 가족과 오래 떨어져
생활해야 하는 외로움을 견디는
강인한 정신력이 필요하다.

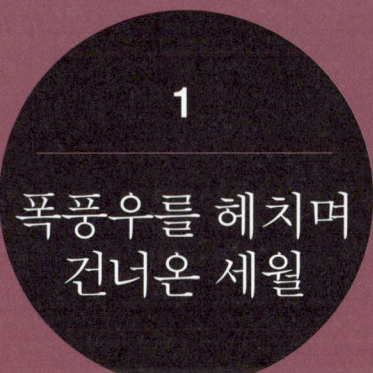

1

폭풍우를 헤치며
건너온 세월

폭풍우를 헤치며 건너온 세월

농부의 자식으로
태어나 산다는 것

우리 부모 세대에게 농부로 산다는 것은

서럽고도 고단한 일이고 꿈에서라도

벗어나고 싶은 가난이었다.

나는 정치인이 되고 나서도

이런 아픈 추억을 한시도 잊지 않았다.

'가난은 나랏님도 구제하지 못한다'는 속담이 있지만,

나는 국민의 가난을 구제하라고

존재하는 것이 나라라고 믿는다.

그러므로 무릇 정치하는 사람이라면

국민의 가난 구제를 제일의 사명으로 삼아야 한다고 믿는다.

농부로 사는 고달픔과 가난

. . .

나는 농부의 자식으로 태어나 자라면서 농부로 사는 고달픔과 가난을 뼈저리게 느꼈다. 부모님은 누구보다 열심히 농사를 지으며 새벽부터 저물도록 일했지만, 평생을 가난의 굴레에서 벗어나지 못했다. 때는 이른바 '수출 제일'의 산업화 시대여서 그 그늘에 짓눌린 농촌의 현실은 '새마을 운동'으로 포장하긴 했지만, 궁핍하다 못해 참담했다.

당시 농촌은 그 옛날 탐관오리에 수탈당하던 지옥만큼은 아니었지만, 죽을 둥 살 둥 일해도 겨우 입에 풀칠이나 하는 현실이었다. 이런 고달픈 농부의 삶은 일찍이 다산 정약용이 유배지에서 손수 현실을 목격하고 남긴 시에 절절하다. 다음은 다산이 1810년에 쓴 〈보리죽〉 가운데 제1연이다.

동편 집에 드륵드륵
서편 집에 드륵드륵
보리 볶아 죽 쑤느라
맷돌 소리 시끄럽네.
채로 치지도 않고
키로 까불지도 않고

그대로 죽을 쑤어

주린 배를 채우네.

썩은 날숨 신트림에

햇빛이 어질어질.

해와 달이 어둑어둑

천지가 빙글빙글.

　다산은 이런 농촌의 현실을 타개할 실마리를 "무엇보다 농사짓기가 수월해야 하고(便農), 농업의 수익성이 높아야 하고(厚農), 농민의 지위가 향상돼야 한다(上農)"는 '삼농(三農) 정책'에서 찾았다. 200여 년 전의 통찰이 오늘날에도 여전히 유효하다. 진작에 우리 정치를 담당한 위정자들이 다산을 알고 실천했다면, 농사를 천직으로 알고 땅을 일구어온 우리 부모님 세대의 형편이 한결 나았을 것이다.

　농촌의 현실이 척박했던 건 우리만이 아니었던 모양이다. 중국의 당나라 시인 이신(李紳, 772~846)이 남긴 시를 보면 다산이 본 농촌의 현실과 다르지 않다. 이신은 당나라 무종 때 재상에 오른 정치가이자 당대의 대시인 백거이(白居易), 원진(元稹) 등과 교유한 문학가였다. 그의 〈민농(憫農)〉은 힘들게 농사를 지어도 먹고 살기 어려운 가난을 한탄하는 탄식을 직설적으로 표현하였다. 다음은 〈민농〉 2수 중 제1수다.

봄에 한 톨의 곡식을 뿌리면,

가을에 수많은 곡식을 거두어들이네.

세상에 농사짓지 않고 놀리는 땅은 찾아보기 힘든데,

땅을 가는 농부들은 여전히 굶어 죽는구나.

김을 매다 보니 해는 어느새 중천이고,

굵은 땀방울이 흘러내려 벼 아래 흙을 적시네.

그릇 속의 밥 한 톨 한 톨이,

모두 농부의 피땀이라는 것을 누가 알겠는가?

내 자식만은 농사꾼을 면해주기 위해

● ● ●

말은 농자천하지대본(農者天下之大本)이라 하지만, 현실에서는 전혀 그런 대접을 받지 못했다. 그래서 우리네 부모들은 너나 할 것 없이 자기 자식만은 농사꾼으로 살아가는 일을 면해주기 위해 밥을 굶는 한이 있어도 교육에 매달렸다.

그 시절 나도 그랬지만, 아이들은 대개 철이 일찍 들어 그런 부모의 마음을 헤아렸는지 농촌의 삶, 즉 가난하고 고단한 삶에서 벗어나기 위해 열심히 공부했다.

이처럼 우리 부모 세대에게 농부로 산다는 것은 서럽고도 고단한 일이고 꿈에서라도 벗어나고 싶은 가난이었다.

나는 정치인이 되고 나서도 이런 아픈 추억을 한시도 잊지 않았다. 가난은 나랏님도 구제하지 못한다는 속담이 있지만, 나는 국민의 가난을 구제하라고 존재하는 것이 나라라고 믿는다. 그러므로 무릇 정치하는 사람이라면 국민의 가난 구제를 제일의 사명으로 삼아야 한다고 믿는다.

살고 싶은
세상을 위하여

우리가 벗어나고 싶은 세상이

어떤 세상인지 안다면

우리가 어떤 세상을 향해

나아가야 하는지 훤히 보인다.

특히 정치인이 어떤 역할을

해야 하는지는 자명해진다.

우리가 살고 싶은 세상

• • •

우리는 꿈에도 그리는 세상을 유토피아, 즉 이상향으로 동경한다. 현실에서 이루지 못한 꿈을 투영하고 소망하여 지어낸 천국이 유토피아다. 그러나 유토피아는 손에 잡히지 않는 세상으로, 다가서면 멀어지는 무지개에 비유된다.

원래 유토피아는 그리스어의 '아니다, 없다' 를 뜻하는 우[oŋ]와 '장소' 를 뜻하는 토포스[τόπος]의 합성어로 '존재하지 않는 장소' 를 의미한다. 토머스 모어의 소설《유토피아》에서는 '사유재산이 없는 이상적인 공산사회' 로 묘사되지만, 오늘날에 와서는 '이상향' 과 동의어가 되었다.

중국을 비롯한 한자 문화권에서 유토피아는 대개 '이상향(理想鄕)' 으로 표현되는데, 인간이 생각할 수 있는 최선의 상태를 갖춘 완전한 사회를 말한다. 위진남북조 시대의 문인 도연명은《도화원기(桃花源記)》에서 이상향을 무릉도원(武陵桃源)으로 일컫는데, 도원향(桃源鄕) 또는 도원경(桃源境)이라고도 한다.

서진 시대 무릉(武陵)에 사는 한 어부가 고기를 잡기 위해 계곡을 거슬러 올라가다가 복숭아꽃 만발한 숲을 발견하였다. 숲이 끝나는 곳에서 시작되는 동굴을 통과하자 바깥세상과 동떨어진 별천지가 나타났다. 그곳 주민들은 진(秦)나라 말기의 난을 피해 들어온 사람들로 세월이 얼마나 지났는지도 모르고 지냈다. 바깥세상 얘기를 전해주고 융숭한 대접을 받은 어부가 돌아가려 하자 주민들은 마을의 존재를 발설하지 말아 달라고 신신당부했다. 그러나 어부는 너무 신기한 나머지 나가는 길에 표시를 해두었다가 고향에 돌아가자마자 고을 태수에게 무릉도원의 존재를 알렸다. 태수가 사람을 시켜 어부를 따라 그 마을을 찾도록 했지만, 끝내 찾지 못했다.

우리가 벗어나고 싶은 세상

• • •

이렇게 우리가 소원하는 세상, 살고 싶은 세상이 있는가 하면 벗어나고 싶은 세상, 살고 싶지 않은 세상이 있다. 우리는 흔히 그런 곳을 '지옥'이라고 한다. 가장 현실적인 지옥은 가난한 세상이다. 가난은 사람을 헐벗게 하고 굶주리게 한다. 그리고 그런 가난은 대개 대물림되는 유산임이 통계로도 확인되었다. 다시 말해, 가난의 8할은 사회구조의 문제이지 개인의 문제만은 아니라는 것이다.

심지어 가난은 전염된다고도 한다. 가난한 부모의 자녀는 자라서도 가난을 벗어나기 어렵다. 부모 세대에서 자녀 세대로 이어지는 이 가난의 악순환은 갈수록 더욱 강고하게 굳어지는 양상이다. 우리 세대가 젊었을 때는 그래도 개천에서 용이 나기도 하고, 허리띠

졸라매면 내 집 마련도 불가능한 일은 아니었다. 열심히 공부하고 성실하게 일하면 적어도 부모 세대보다는 나은 삶을 살 수 있었다. 그 바탕에는 부모의 가난을 답습하지 않겠다는 불같은 의지도 작용했지만, 결정적으로는 경제가 고도성장을 이루던 시대의 호황이 있었다. 나도 그래서 농사보다는 벌이가 한결 낫다는 뱃일을 택해 마도로스가 되었다.

그런데 이제는 가난이 전염되는 패턴이 달라졌다. 자녀 세대의 가난이 부모 세대에까지 옮겨가는 모습이다. 청년 세대의 빈곤화로 인해 부모 세대까지 빈곤에 빠지는 흐름이 일반화하고 있다. 부모 세대가 은퇴 후까지도 자녀 세대의 경제적 빈곤을 떠안고 살아야 하는 상황이 된 것이다.

그래서 오늘날 한국 사회는 자녀가 부모보다 더 가난해지는 질곡으로 빠져들었다. 물론 이런 흐름은 세계적인 추세이긴 하지만, 특히 선진국일수록 더욱 빠르게 그런 경향으로 기울고 있다. 미래 경제 상황에 대한 불안감이 널리 퍼지면서 전 세계 응답자 중 절반 이상이 자녀 세대의 재정 상황을 현재보다 비관적으로 전망했다.

여론조사기관 퓨리서치센터가 36개국 국민을 대상으로 행한 여론조사에 따르면 응답자 10명 중 6명이 "자녀 세대는 부모 세대보다 경제적으로 더 가난해질 것"으로 예상했다. 나라별로 보면 프랑스, 영국, 이탈리아, 캐나다, 일본, 미국 등 G7 회원국과 한국은 응답자의 10명 중 7~8명이 경제 상황을 비관적으로 예상했다.

이와는 반대로 인도, 인도네시아, 방글라데시, 필리핀 같은 개발도상국은 응답자 10명 중 7~8명이 경제를 낙관적으로 보고 자녀 세대가 부모 세대보다는 더 부유할 것이라고 예상했다. 고도 경제성장에 대한 기대감이 반영된 것으로 보인다.

한편, 빈부 격차에 대해서는 선진국이든 아니든 상관없이 전체적으로 10명 중 8명 이상이 더욱 심화할 것으로 예상하고 가장 큰 사회문제가 될 것으로 인식했다.

우리가 벗어나고 싶은 세상이 어떤 세상인지 안다면 우리가 어떤 세상을 향해 나아가야 하는지 훤히 보인다. 특히 정치인이 어떤 역할을 해야 하는지는 자명해진다.

우리는 국권을 침탈당한 일제강점기는 물론이고 이승만 독재정권 하에서 지독한 가난과 폭력에 노출된 처참한 삶을 살았다. 그리고 헌정이 정지된 박정희 유신 치하와 전두환 군사정권 하에서 기본권을 박탈당하고 개, 돼지의 삶을 살았다.

우리는 1987년 6.10항쟁으로 이런 노예의 삶에서 가까스로 벗어나 35년간 국민이 주인 되는 민주주의 체제를 지성으로 가꾸고 지탱해 왔다. 벗어나고 싶은 삶에서 상당히 놓여나서 살고 싶은 세상의 바탕을 착실히 다져온 것이다.

그런데 현직 대통령이 불법 계엄령 발동이라는 친위쿠데타를 일으켜, 벗어나고 싶은 그 세상으로 우리 국민을 다시 끌고 들어갈 뻔했다. 그리하여 나는 살고 싶은 세상을 위해, 선거 때 행사하는 우리의 한 표 한 표가 얼마나 중요하고 소중한지 새삼 뼈저리게 느꼈다.

마도로스,
폭풍우를 뚫고 건넌 10년 세월

나는 10여 년간 배를 탔고 그중 3년을 선장으로 일했다.

바다는 육지와는 딴 세상이다.

거칠고 변덕스러워 위험한 세상이다.

거친 파도와의 사투는 영혼을 갉아먹는다.

세상의 모든 오락과 유흥의 문명과 동떨어져 있고,

가족을 천리만리 밖에 두고 짧게는 1년,

길게는 2년 넘게 떠도는 고단하고 외로운 세상이다.

더 나은 내일에 대한 기대와 파도를 헤쳐가는

굳센 의지 없이는 견뎌내기 어려운 세계이다.

지난날의 험난한 파도를 돌아보며

• • •

"지나간 내 생애의 거친 파도여. 저 아득한 곳에서 밀려와 내 죽음의 높은 물결을 더욱 높게 일게 하라."

허먼 멜빌의 해양소설 《모비딕》(이종인 옮김, 현대 지성, 2022)에 나오는 구절이다.

우리 삶은 바다와 같아 우리는 저마다 잔잔한 물결 위를 미끄러지듯, 아니면 거센 폭풍우를 뚫고 거대한 산을 넘듯 자신의 배를 항해한다. 인생의 폭풍우, 즉 우리가 직면하는 고난과 역경은 산더미처럼 몰아치는 파도와 같다. 휘몰아치는 폭풍과 일렁이는 파도는 우리 삶의 의지와 투쟁심을 시험하는 시련이다. 우리 삶에서 휘몰아친 파도를 돌이켜보면 그것이 우리 삶에 얼마나 큰 영향을 끼쳤는지 새삼 깨닫는다. 거센 파도는 때론 우리를 주저앉히기도 하지만, 우리를 성장시키고 한 걸음 더 앞으로 나아가도록 밀어준다.

지난날의 험난한 파도를 돌아보며 우리는 미래의 거대한 파도에 맞서 나아갈 수 있는 통찰과 저력을 얻는다. 《모비딕》에서처럼 우리가 극복해온 도전, 우리가 쫓는 흰고래 하나하나가 우리 삶의 서사를 더욱 풍성하게 한다. 우리는 그로 인해 삶의 목적과 의미를 찾으며, 스스로 자신을 고양한다.

멜빌이 《모비딕》을 집필하는 데는 영감을 준 결정적인 사건이 있다. 너새니얼 필브릭이 《바다 한가운데서》(한영탁 옮김, 다른, 2015)에서 그린 94일간의 사투다.

청년 멜빌은 신출내기 선원으로 고래잡이배를 탄 적이 있다. 그는 1840년에 태평양에 나갔다가 역시 고래잡이 선원이 된 에식스호의 생존한 1등 항해사 체이스의 아들을 우연히 만났다. 체이스가 쓴 에식스호 조난기를 받아 읽고 감명을 받은 그는 극한의 바다에서 흰 고래와의 운명적인 사투를 그린 해양소설을 구상했다.

《바다 한가운데서》는 에식스호의 항해를 복원한 논픽션이다. 1819년 여름, 238톤의 포경선 에식스호는 낸터킷 섬에서 출항해 고래잡이 항해에 올랐다. 15개월 뒤 남태평양의 가장 먼 가장자리에서 에식스호는 성난 고래로부터 공격을 받아 침몰했다. 20명의 조난 선원들은 세 척의 구명보트를 타고 남아메리카를 향해 길을 떠났다. 선원들은 거친 풍랑과 폭풍우와 절망 그리고 고독과 싸우면서 94일 동안 7,200킬로미터를 표류했다. 석 달 뒤 살아남은 선원은 단 8명. 상상할 수 있는 가장 잔혹한 바다에서 살아남기 위한 인간의 처절한 투쟁 끝에 얻은 절반의 승리다.

마도로스, 고난에 찬 10년의 여정

. . .

비견할 바는 못 되지만, 마도로스로 살아온 나는 고비마다 몰아치는 폭풍우에 생명이 위협받기는 마찬가지였다. 나는 1980년에 여수 수산 전문대를 졸업하고 해기사 면허를 취득한 뒤 곧바로 선박에 승선해 항해사로 생활했다. 실습 항해사, 2항해사, 1항해사를 거쳐 1991년에는 동원산업(주) 참치잡이선 808동원호 선장으로 승선하면서 본격적인 선상 생활을 시작했다. 1993년 12월 하선을 끝으로 10여 년의 마도로스 생활을 마치고 육지로 돌아와 정착했다.

> 부산항 떠나서 사이공
> 우리들은 마도로스다
> 뱃길이 천리만리라
> 우리는 바다에 날고 기는 용사
> 불어라 비바람아 닥치어라 파도야
> 저 멀리 깜박이는 등대를 찾어
> 뱃머리를 돌려라 돌려

1939년에 가수 백년설이 불러 폭발적인 인기를 끈 〈마노로스의 수기〉 노랫말이다. 대물림되던 지긋지긋한 가난에서 벗어나기 위해 외항 선원을 선망하던 시대 분위기가 반영되었기 때문인지, 아니면 마도로스가 막연한 낭만적 향수를 불렀는지 이후 숱한 대중가요에서 마도로스를 노래했다. 노래를 통해 대중에게 각인된 마도로스의 이미지는 용감하고, 남성미가 넘치고, 술을 좋아하고, 모험심이 강하고, 무엇보다 낭만적이었다. 그러나 마도로스의 현실은 낭만보다는 고난에 찬 여정이었다.

선상 생활과 마도로스의 일상

• • •

　마도로스라면 대개 항해사를 일컫는다. 항해사가 되려면 반드시 면허를 따야 한다. 그 면허를 해기사 면허라고 한다. 해기사는 선박의 운항, 선박 기관의 운전, 선박 통신 업무 등을 수행할 수 있는 면허를 받은 사람이다. 해기사 면허에는 항해사 외에도 기관사, 통신사가 있다. 항해사 자격 등급은 1급에서 6급까지 있으며, 승선 경력이나 학력에 따라 응시 자격이 다르고 자격의 등급에 따라 선박의 크기나 수행할 수 있는 직책이 다르다. 직책과 직급에 따라 선박의 최고책임자인 선장, 1등 항해사, 2등 항해사, 3등 항해사가 있다. 면허 등급에 따라 승선할 수 있는 선박의 크기와 각각의 임무가 달라지며 시험 과목도 다르다.

"선장은 선박의 최고책임자로 법 규정에 따라 선박과 인명의 안전을 책임지고 선박 내 모든 활동에 대한 지휘 권한을 가지며 선장은 배가 출항하기 전에 항해 목적지, 기후, 거리 등을 확인하고, 항해 시에는 해도, 나침반, 레이더, AIS(선박 자동 식별 장치) 및 기타 항해 기기를 사용하여 선박의 속도와 항로를 결정한다."

이것이 선장의 역할이 최고 직위이다. 선박이 해양을 안전하게 항해하려면 다양한 사람들의 역할이 필요한데, 그중 항해사는 항로 설정, 선박 위치 측정, 선박 내 인사 관리, 질서 유지 등 선박 운항에 관한 전반적인 책임을 맡는다. 이런 항해의 최고책임자가 선장이고, 뱃사람이라면 누구나 선장을 동경한다.

선상에서 선장의 말은 곧 법이다. 그 누구도 선장의 지시와 명령에 복종해야 한다. 선박의 위계질서는 매우 엄격하다. 선박 내 식당이나 선교에 있는 선장 의자에는 누구도 앉지 않는다는 불문율이 있을 정도다. 그만큼 선장의 권위를 인정한다는 의미다. 배의 안위가 전적으로 선장의 역량과 판단에 달려 있기 때문이다.

모든 선원과 배의 생사를 책임져야 하는 선장은 고독한 자리며 선장은 무엇보다 바다를 좋아해야 그 임무를 원활히 수행할 수 있다. 그리고 엄격하게 통제되는 선상 생활의 어려움을 이겨내고 가족과 오래 떨어져 생활해야 하는 외로움을 견디는 강인한 정신력이 필요하다. 또 장시간 좁은 공간에서 함께 생활하는 여러 사람을 통솔해야 하므로 원활한 인간관계를 형성하는 리더십을 필요로 한다.

　망망대해에서는 선박 간의 간격이 넓어 별문제 없지만, 항구에 입항할 때는 좁은 해역에 선박이 몰려 사고가 일어날 위험성이 크다. 선박이 들어가는 수로가 제한되어 있어 충돌 위험이 큰 것이다. 물론 해도를 통해 입·출항 항로를 정밀하게 설정하지만, 입·출항 중에 다른 선박과 조우 과정에서 충돌 사고가 일어날 위험이 크다. 대부분의 어선 사고는 인적 과실보다는 선박의 노후화와 날씨로 인해 발생한다. 그에 비해 상선은 선원들의 전문 지식이나 실전 경험 부족으로 인해 발생하는 인적 사고가 대부분이다.

　항해에서 가장 경계해야 할 두려운 존재는 안개다. 안개가 자욱하면 큰 배는 선수에서 선미가 보이지 않는다. 물론 레이더가 있지만, 육안으로 확인하는 것이 중요하다. 상대 선박의 등화를 이용해 확인하기도 한다. 안개 상황에서 항해하는 것을 무중 항해라고 한다. 짙은 안개 상황에서는 육안으로 관측이 안 되고, 레이더로 관측하지만, 눈으로 확인하는 것이 중요하다. IMO(국제해사기구)에서 규정한 해상 충돌 예방 규칙에 따라 운항 규정이 마련되어 있지만, 승선 선원들의 자질이나 근무 역량에 따라 사고가 발생하기도 한다. 이런 사고를 '휴먼에러'라고 한다.

　뱃사람들은 배를 '창살 없는 감옥'으로 표현한다. 승선하는 동안 한정된 공간에서 다람쥐 쳇바퀴 돌듯 반복되는 생활의 고통을 표현한 말이다. 해상 생활에서 가장 큰 고통은 무엇보다 가족과 함께할 수 없다는 것이다.

지금은 선원들의 급료가 일반 회사원들보다 그다지 높다고 할 수 없지만, 내가 배를 타던 1980~1990년대까지만 해도 꽤 큰 차이가 났다. 게다가 웬만한 선박 회사 선원은 자녀 학자금을 지원받는데, 자녀 교육에 크게 도움이 되었다.

나는 10여 년간 배를 탔고 그중 3년을 선장으로 생활했다. 바다는 육지와는 다른 세상이다. 거칠고 변덕스러워 위험한 세상이다. 거친 파도와의 사투는 영혼을 갉아먹는다. 세상의 모든 오락과 유흥의 문명과 동떨어져 있고, 가족을 천리만리 밖에 두고 짧게는 1년, 길게는 2년 넘게 떠도는 고단하고 외로운 세상이다. 더 나은 내일에 대한 기대와 파도를 헤쳐가는 굳센 의지 없이는 견뎌내기 어려운 세상이다. 이에 나는 하선 후 보다 나은 삶을 위해 정치인의 길을 걸었다.

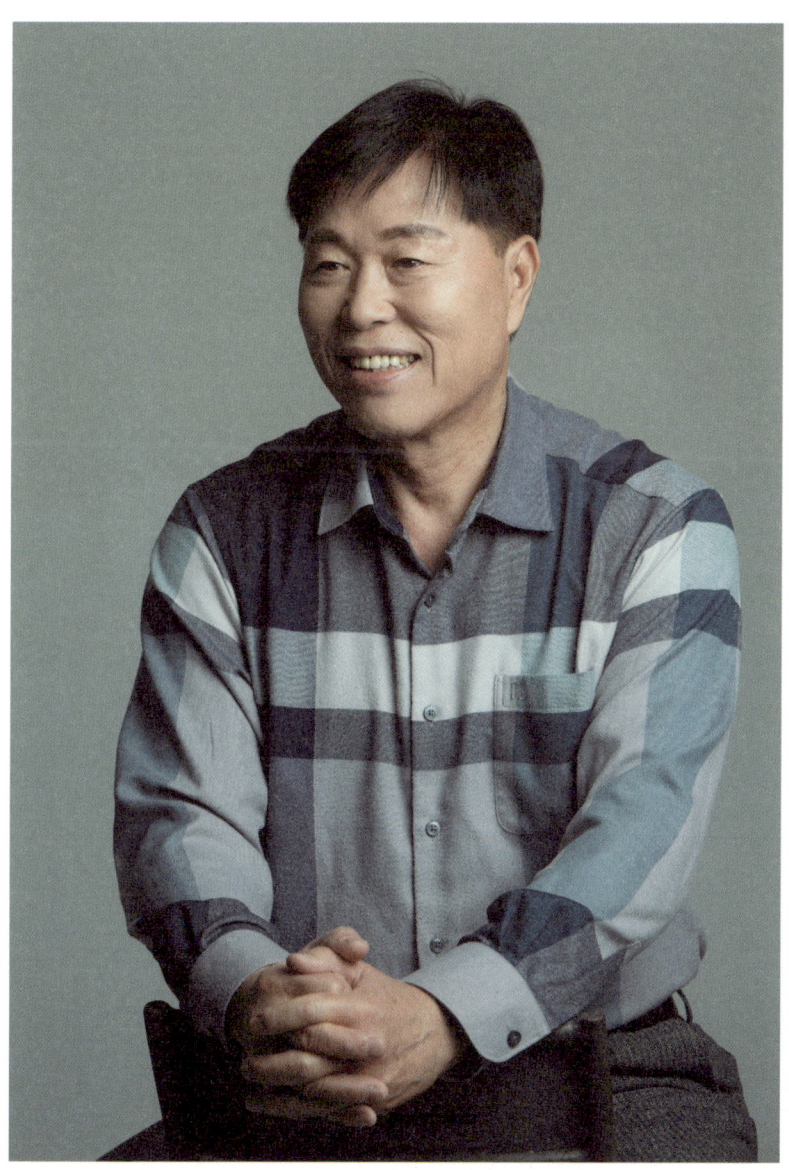

정치에서 말은 말로 끝나지 않는다.

말에 근거하여 강제를 다루기 때문에 무서운 것이다.

정치는 당과 정파를 막론하고 시민 모두를 구속하는

공적 결정을 도출하는 과정이다.

법안 하나를 만들어도 공청회부터 입법 제안에 이어

심사까지 다 말로 이루어진다.

그 말이 결론 끝에 누군가를

강제하고 처벌할 수 있는 법이 된다.

나의 모든 실패와 배움 그리고 공부는

바로 여기에 닿아 있다.

2

낙선과 함께한
정치인의 길

2006년의 낙선,
정치인으로서 성장의 밑거름

나는 선거가 끝난 직후부터 곧바로 신발 끈을 고쳐 맸다.
다시 일일이 주민들을 찾아다니며 내게 부족한 점이
무엇인지 스스로 묻고 채워 갔다.
지역의 크고 작은 행사와 봉사 현장을 빠짐없이 다니며,
한 분 한 분의 목소리에 귀 기울였다.
그런 가운데 '정치는 표보다 신뢰로 하는 일'임을 깨달았다.

민주정당의 전례 없는 전국적 참패

• • •

2006년 첫 선거는 쉽지 않았다. 열린우리당 소속으로 최선을 다해 뛰었지만, 당시 정치적 흐름과 여러 외부 변수 속에서 아쉽게 뜻을 이루지 못했다. 그러나 낙선의 경험이 오히려 내게는 큰 위로가 되었다.

2006년 5월 31일에 실시된 제4회 전국동시지방선거는 3,706만여 유권자 중 1,911만여 명이 투표함으로써 최종 투표율은 51.6%로 집계되었다. 여당인 열린우리당이 유례없는 참패를 당한 이 선거는 이후에 있을 선거에도 불길한 그림자를 드리웠다. 당시 한나라당에서는 '막대기만 꽂아도 당선된다'고 할 만큼 극도로 기울어진 판세였다. 전통적으로 민주당 계열 당의 강세 지역인 서울에서조차 서울시장을 비롯하여 25개 구청장을 한나라당이 휩쓸고, 서울시의회 재석 105석 가운데 한나라당이 102석을 차지하는 싹쓸이 판이 벌어졌다. 전북을 제외한 전국에서 열린우리당은 광역단체장, 광역의회, 기초단체장, 기초의회 할 것 없이 전멸하다시피 했다. 그러니 관악구도 예외는 아니었다. 이런 판세에서 나라고 별 뾰족한 수 없이 낙선의 고배를 마셔야 했다.

놀라운 사실은 이런 대역전극이 불과 2년 만에 벌어졌다는 것이다. 노무현 대통령에 대한 국회의 탄핵 역풍에 힘입어 2004년 제17

대 총선에서 열린우리당이 총선에서 299석의 과반인 152석을 차지하는 압승을 거뒀다는 사실이 믿기지 않을 정도였다. 총선 압승 이후에 여당은 개혁을 힘 있게 추진하기는커녕 계파 싸움으로 사분오열한 가운데 지리멸렬한 모습을 보여주었다. 이에 실망한 국민은 당장 그해 치러진 재·보궐선거에 이어 이듬해 치러진 재·보궐선거에서 여당에 패배를 안겼다. 이런 여파가 거대한 파도가 되어 2006년 지방선거에서 여당을 송두리째 삼켜버린 것이다.

이런 조짐을 감지한 여당은 판세를 역전시키고자 전방위적으로 안간힘을 썼다. 정권의 각료를 맡던 인사들을 광역자치단체장 후보에 내보내는 극약처방까지 불사했다. 강금실 법무부장관을 서울특별시장 후보로, 진대제 정보통신부장관을 경기도지사 후보로, 오거돈 해양수산부장관을 부산광역시장 후보로, 김두관 행정자치부장관을 경상남도지사 후보로 내보냈다. 그러나 백약이 무효였다. 공식 선거 기간에 들어가면서 그나마 팽팽하던 여론조사의 대결 구도는 물거품처럼 사라지고, 후보들의 지지율이 30% 밑으로 내려갈 정도로 거품이 꺼졌다. 결국, 반전은 없었다. 오히려 예상보다 더욱 참담한 패배 결과를 받아들어야 했다.

다만, 한 가지 작은 위안은 열린우리당 후보들이 영남 지역에서 20%대의 득표율을 기록한 것이다. 보수의 심장이라는 TK 지역(대구 이재용 21.08%, 경북 박명재 23.20%)에서도 역대 최고 득표율을 올린 것이다.

낙선 정치인의 삶

• • •

2006년 전국동시지방선거는 대거 낙선한 열린우리당 소속 후보들의 무덤이 되었다. 선거 때마다 프리미엄을 누리는 현역들도 예외는 없었다. 현역들의 낙선 후유증은 더욱 클 터였다.

낙선 정치인의 삶은 당선 정치인과는 극명하게 대비된다. 낙선하면 하루아침에 모든 지위와 영향력을 잃을뿐더러 주위의 사람들이 썰물처럼 빠져나가 상대도 해주지 않는다는 점에서 우리 정치권에서는 서글프고도 자조적인 표현이 공유된다. 특히 온갖 특혜와 권력을 누리는 국회의원은 더욱 그렇다.

"원숭이는 나무에서 떨어져도 원숭이지만, 국회의원은 선거에서 떨어지면 사람도 아니다."

현역에서 낙선한 정치인은 급격한 지위 상실과 인간적 배신감에 따른 심리적 충격을 감당하기 어렵게 된다. 어제까지 왕처럼 군림하던 현역 정치인이나 유력 후보가 하루아침에 정치 낭인 신분으로 떨어지면서 겪는 정신적 충격은 상상을 초월한다. 무엇보다 세상의 관심으로부터 잊히는 존재감의 상실에 대한 두려움과 공허함이 크다. 그래서 서너 번 연거푸 낙선하고서도 정가 주변을 떠나지 못하고 배회한다.

이런 심리적 충격도 그렇지만 재정적 파산이나 궁핍이 낙선 정치인을 가장 괴롭히는 요소의 하나다. 선거를 치르는 과정에서 적어도 수억 원의 막대한 비용이 들기 때문에 선거 비용을 보전받지 못하거나 후원금이 끊기면 빚더미에 앉는 경우가 많다.

특히 정치 외의 다른 전문 직업이 없는 직업 정치인이라면 낙선 후 생계유지를 걱정해야 한다. 그래서 전문 직업 없이 낙선한 정치인은 그 위세 당당하던 모습은 간데없이 금전이나 자리를 구걸하는 비루한 처지로 떨어진다.

낙선 정치인이라도 본업이 변호사, 의사, 교수 같은 등 전문직이라면 대개 곧바로 본업으로 돌아가니 생계 걱정도 없고 박탈감도 상대적으로 적다. 또는 다음 선거를 기약하며 지역 기반을 다지거나 정당 내 보직을 맡거나 연구소를 설립하여 지역 활동을 하거나 다양한 정치 관련 활동을 통해 정치적 영향력을 유지하려 안간힘을 쓴다. 강연이나 SNS 활동 등을 통해 대중과의 접점을 놓지 않으려는 노력도 병행한다.

일부는 새로운 분야에 도전하여 정치판을 아예 떠나기도 하고, 드물게는 능력이나 연줄을 통해 공직에 진출하는 사람도 있다. 낙선 정치인의 삶은 화려한 정치 무대 뒤편의 냉혹한 현실을 보여주지만, 일부 소수는 좌절 속에서도 재기를 위해 노력하거나 새로운 삶을 찾는다.

그러나 대부분의 낙선 정치인은 "정치는(권력은) 마약 같아 끊을 수 없다"는 정치의 속설을 그대로 답습한다. 보좌진이 모든 뒷바라지를 해주던 국회의원이나 지자체장은 '낙선하면 혼자서는 기차표도 못 끊는 바보 된다'는 말이 사실이다.

정치인은 연예인만큼이나 화려한 직업이다. 현직에 있을 때는 일거수일투족이 사람들의 이목을 끈다. 반면 낙선 정치인은 본인의 죽음조차도 별 뉴스거리가 되지 못한다. 화려한 만큼 그림자도 짙다. 낙선 정치인은 선거가 끝난 후 하루아침에 달라진 주변 사람들의 시선에 마음고생을 한다.

선거 토론회나 기자회견에서 종종 정치인이 버스요금이나 생필품 가격을 몰라 구설에 오르는 일이 있다. 이는 어쩌면 당연한 일이다. '국회의원이나 지자체장 두 번만 하면 자기 손으로 아무것도 하지 못하는 바보가 된다'는 말이 그냥 나온 말이 아니다.

낙선 정치인은 사람 취급도 못 받는다는 건 국회의원에 국한된 것만은 아니다. 지자체장이나 지방의원도 마찬가지다. 그나마 전문직업을 가지고 있으면 사람대접은 받는다. 게다가 생업이 있어 재정적으로 크게 곤란하지는 않으니 재기하기도 유리한 조건이다.

낙선 정치인은 사람도 아닌 존재라 해도 저마다 사정은 다르다.

갈 곳이 있는 낙선자와 없는 낙선자로 나뉜다. 변호사나 의사 또는 대학교수 같은 전문직 출신은 돌아갈 데가 있다. 특히 변호사는 국회의원이나 지자체장 시절 맺은 다양한 인맥 덕분에 '정치인 전관예우'를 받는 경우도 드물지 않다. 연예인이나 기업가 출신도 대부분 제자리로 돌아간다.

그에 반해 일찍이 정치에 몸을 담아 보좌관이나 당직자 출신으로 지자체에서부터 정치를 시작한 정치인은 낙선하면 갈 곳이 마땅치 않다. 이들을 비롯해 시민 사회운동가나 언론인 또는 관료 출신도 마찬가지로 직업이 '정치인'이어서 낙선하면 대개는 당장 생계부터 힘들어진다. 배우자가 일정한 수입이 있어서 받쳐주면 모를까, 그도 아니면 집을 팔거나 한도까지 대출을 받거나 친인척과 지인들에게 손을 벌리는 수밖에 없다. 그나마 여당 소속이면 더러 정무직 공직이나 공공기관에 자리가 나기도 하지만, 야당 소속이면 국물도 없다. 그러나 여야 소속을 떠나 낙선 정치인 앞에는 대개 좀비 같은 삶이 기다린다. 낙선의 충격과 상처는 생각보다 오래간다. 어떤 낙선 정치인은 어느 날 문득 TV만 보고 있는 자신을 발견하고는 곧바로 TV를 내다 버렸다고 한다.

신발 끈을 고쳐 매고

• • •

2006년 낙선 이후 나도 그렇게 될까봐 정신을 바짝 차렸다. 나는 선거가 끝난 직후부터 곧바로 신발 끈을 고쳐 맸다. 다시 일일이 주민들을 찾아다니며 내게 부족한 점이 무엇인지 스스로 묻고 채워갔다. 지역의 크고 작은 행사와 봉사 현장을 빠짐없이 다니며, 한 분 한 분의 목소리에 귀 기울였다. 그런 가운데 '정치는 표보다 신뢰로 하는 일'임을 깨달았다.

그렇게 절치부심의 시간을 보낸 나는 2009년에는 오랫동안 운영해온 사업체(보석 가게)를 정리하고, 2010년 선거에 모든 것을 걸었다. 그리고 이번이 마지막이라는 마음으로 매일 구석구석 현장을 누볐다. 그렇게 진심을 담아 주민 곁을 지키다 보니, 2010년에는 주민들의 열렬한 성원으로 구의원 당선의 영예를 안았다.

배수진을 치고 나선
2010년 선거

내가 이런 정국에서 오랜 생업인 사업체를 정리하고
배수진을 친 것은 다분히 노무현 전 대통령의 갑작스러운
서거 영향이 컸다. 그만큼 승리에 대한 열망이 뜨거웠다.
꼭 이겨서 아래에서부터 정치 혁신의 작은 씨앗이나마
하나쯤 심어 퍼뜨리고 싶었다.
거대한 댐의 붕괴도 조그마한 개미구멍에서 시작하듯이
내가 그 개미구멍이 되어 기득권에 사로잡혀
구태의연한 우리 정치의 거대한 둑을 무너뜨리는
작은 시작이 되고 싶었다.

정치는 약속의 무게를 견디는 일

• • •

2006년 낙선 이후 줄곧 나는 단 한 번도 관악을 떠난 적이 없다. 선거 끝난 이튿날부터 곧바로 다시 주민 속으로 들어가 삶의 현장에서 함께 울고 웃으며 신뢰를 쌓았다. '선거를 위한 정치가 아니라 사람을 위한 정치를 하겠다'는 일념으로 그 세월을 견디며 절치부심했다. 이윽고 새벽 시장에서도, 경로당에서도, 동네 골목에서도 주민들이 먼저 이름을 불러주실 때마다 '이제는 나를 믿을 수 있는 사람으로 봐주시는구나' 하는 확신이 들었다.

나는 2006년의 실패를 통해 '정치는 약속의 무게를 견디는 일'임을 깨달았다. 그래서 2010년 선거에서는 화려한 공약보다 주민 곁을 지키는 구의원이 되겠다고 약속했다. 마침내 그 진심이 통하여 주민들이 나를 선택한 게 아닌가 생각한다.

요동치는 정국, 오리무중의 선거 국면

• • •

2010년 선거를 앞두고 정치 상황은 또 한 번 격동했다. 2008년, 이명박 정부의 소고기 수입 정책에 반대하는 촛불집회가 연일 뜨겁게 타올라 정권을 압박하는 가운데 2009년 벽두부터 노무현 전 대통령에 대한 정권의 표적 수사가 물증도 없이 모욕 주기식 괴롭히기로 계속되었다. 촛불 정국을 반전시키기 위한 정권의 기획이었다. 검찰이(노무현 전 대통령과 그 주변의) 혐의를 소설로 써서 흘리면 언론이 그대로 받아써서 연일 생중계하듯 대서특필했다. '논두렁 시계' 도 그렇게 조작되어 유포된 가짜뉴스다.

지난 2018년, 검찰 과거사 진상조사단이 2009년 언론이 보도한 노무현 전 대통령의 '논두렁 시계' 사건을 포함해 수사기관이 불법적으로 피의 사실을 공표한 사건을 광범위하게 재조사했다. 여기엔 국가보안법 위반 혐의로 기소되었다가 무죄 선고를 받은 재독 철학자 송두율 교수의 피의사실 공표도 조사 대상에 포함되었다.

'논두렁 시계' 사건은 2009년 5월의 SBS 보도를 말한다.

'노 대통령이 회갑 선물로 박연차 태광실업 회장으로부터 받은 스위스제 명품시계 한 쌍을 검찰 수사가 두려워 논두렁에 버렸다' 는 내용이 보도의 골자다. 이런 식의 보도와 함께 주변에 대한 저인 망식 표적 강압 수사가 날로 악랄해지자 노 전 대통령은 죄 없는 주변 사람들을 보호하기 위해 결국 모든 것을 혼자 떠안고 비극적인 죽음에 이르렀다. 이듬해 민주당은 검찰 수사팀을 피의사실 공포 혐의로 고발했지만, 검찰은 공공의 이익에 부합하는 '위법성 조각 사유' 에 해당한다며 무혐의 처리했다.

당시 수사를 지휘했던 이인규 전 대검찰청 중앙수사부장의 진술은 그 모든 것이 정권 차원에서 치밀하게 기획된 '노 전 대통령 죽이기' 였음을 확인한다.

"노 전 대통령에게 도덕적 타격을 주기 위한 원세훈 국정원의 기획이었다. 이를 밝히면 다칠 사람이 많다."

2017년, 국정원 개혁위원회도 '논두렁 시계 보도' 와 관련해 국정원의 지침에 따른 것이라고 밝혔다. 원세훈 전 국정원장의 측근이던 국정원 간부가 이인규 당시 대검찰청 중앙수사부장을 만나 '고가 시계 수수' 건은 노 전 대통령 '망신 주기' 선에서 활용하라고 지시한 사실을 밝혀냈다.

2017년, 유시민 작가는 한 TV 프로그램에 나와 "노 전 대통령이 서거하기 얼마 전에 직접 들을 이야기"라며 사건의 진상을 소상히 설명했다.

노 전 대통령이 재임 중에 회갑을 맞았는데 그때 박연차 전 태광실업 회장이 노 전 대통령의 형 노건평 씨를 통해서 시계를 선물했다. 그런데 노건평 씨는 노 전 대통령이 화낼까 봐 이걸 못 가져다주고 퇴임할 때까지 가지고 있었다. 노 전 대통령이 퇴임하고 봉화마을로 오시니까 노건평 씨 부인이 시계를 권양숙 여사에게 줬고, 권 여사는 그걸 받고 그냥 감춰놓았다.

그때 이지원(청와대 문서관리 시스템) 복사 건으로 검찰이 봉화마을에

압수수색을 하러 온다는 얘기가 있었다. 그래서 노 전 대통령이 재산 목록을 확인하는 과정에서 시계의 존재를 알게 되었다. 이에 노 전 대통령은 '이 시계는 뭐냐' 면서 화를 내며 망치로 깨서 버렸다.

  유시민 작가의 위 전언을 보면 '논두렁' 이라는 말은 어디에도 없다. 검찰이 국정원의 사주를 받아 "시계를 논두렁에 버렸다"고 허위 사실을 유포하니까 "논두렁에 시계 주우러 가자"는 모멸적 여론이 형성된 것이다. 결국, 정권의 뜻대로 된 것이다.

  이렇게 해서 결국은 노무현 전 대통령이 서거하고, 이에 충격을 받은 김대중 전 대통령까지 불과 석 달 후에 서거함으로써 범민주 진영은 물론 국민 대다수가 깊은 슬픔에 빠졌다. 전국적인 추모 물결이 이는 가운데 그동안 정권의 선전 선동과 언론의 허위 보도에 속아온 국민은 노무현을 다시 보기 시작했다. 서거 이후 노무현의 국민적 인기가 폭발적으로 올라가자 생전에 거리를 두었거나 배척했던 정치인들이(심지어 한나라당 정치인조차도) 앞다퉈 노무현 팔이에 열을 올렸다.

  거대 여당인 한나라당의 후안무치한 정치적 폭거가 잇따르고 범야권이 반이명박 깃발 아래 뭉치는 기운이 무르익는 가운데 2010년 제5회 전국동시지방선거가 다가왔다. 이 지방선거에서도 2008년 제18대 국회의원 선거처럼 관심이 야권단일화로 쏠렸다. 야권의 성패가 단일화 여부에 달렸다고 본 것이다.

애초에 5+4 회의(민주당, 민주노동당, 국민참여당, 진보신당, 창조한국당 등 야5 당+4개 시민단체)에서 단일화 방침을 논의했지만, 진보신당과 창조한국당이 이탈하고 민주당, 민노당, 참여당을 주축으로 광역단체장 후보 단일화 및 지역별 후보의 선별적 단일화가 이뤄졌다.

그런 가운데 또 다른 변수가 생겨 선거 정국은 안개 속으로 빠졌다. 2010년 3월 26일, 천안함 피격 사건이 발생한 것이다. 2010년 5월 23일, 민주당은 노무현 전 대통령 서거 1주기 추도식을 봉하마을에서 열어 추모 분위기를 고조시켰다. 그러자 다음날, 이명박 대통령은 전쟁기념관에서 대국민 담화를 통해 천안함은 북한의 도발로 침몰했다며 북풍을 선거전에 활용했다. 그리고 1주일 뒤 선거가 치러졌다.

'노풍'이 '북풍'을 압도한 선거

• • •

민주당은 수도권에서 상당수의 기초자치단체장과 광역 및 기초 의회 다수 의석을 차지함으로써 2006년의 패배를 상당 부분 만회했다. 서울시장은 한나라당 후보(오세훈)가 차지했지만, 서울시의회는 민주당이 압도적 과반을 차지함으로써 서울시정의 한나라당 독주를 저지할 수 있게 되었다.

이번 선거의 승자는 민주당이었지만, 민주당과 연합전선을 편 민주노동당의 약진이 두드러졌다. 민노당은 광역시 도의원과 기초의원을 각각 24명, 115명 당선시킴으로써 각각 3명, 22명 당선에 그친 진보신당을 압도했다.

2010년 전국동시지방선거는 결과적으로는 '노풍'(고 노무현 대통령 바람)이 '북풍'(천안함 북한 피격설)을 압도한 선거였다.

여당은 현직 대통령까지 나서서 북풍을 일으켜 판세 반전을 노렸지만, 북풍은 찻잔 속의 태풍에 그쳤다. 우리 국민은 하도 북풍 공작에 속아서 이제는 과거와 달리 그런 조작적 안보 이슈에 냉담한 반응을 보였다. 이는 최전방 지역인 강원도지사 선거에서 민주당이 승리한 것만 봐도 알 수 있다.

노풍이 북풍을 압도한 사실은 TV 개표 방송 당시 앵커의 다음 멘트가 잘 보여준다.

"친노 정치인들이 선거에서 돌풍을 일으킨 것도 주목할 만한 사항. 안희정(민주당)이 충남지사, 이광재(민주당)가 강원도지사, 김두관(무소속)이 경남지사 선거에서 승리하여 노무현 전 대통령의 측근들이자 참여정부 요인들, 다시 말해서 친노계 인사들의 선전이 돋보였다."

다만, 국민참여당 유시민 경기도지사 후보가 한나라당 김문수 후보에게 진 건 그렇다 쳐도, 한명숙 서울특별시장 후보가 오세훈 후보에게 간발의 차이로 진 것은 두고두고 아쉬운 대목이었다.

내가 이런 정국에서 오랜 생업인 사업체를 정리하고 배수진을 친 것은 다분히 노무현 전 대통령의 갑작스러운 서거 영향이 컸다. 그만큼 승리에 대한 열망이 뜨거웠다. 꼭 이겨서 아래에서부터 정치 혁신의 작은 씨앗이나마 하나쯤 심어 퍼뜨리고 싶었다. 거대한 댐의 붕괴도 조그마한 개미구멍에서 시작하듯이 내가 그 개미구멍이 되어 기득권에 사로잡혀 구태의연한 우리 정치의 거대한 둑을 무너뜨리는 작은 시작이 되고 싶었다.

새삼스레 사회복지학을
공부한 까닭

나는 공부하는 과정에서 복지정책은

그저 '도움을 주는 제도' 만이 아니라

'사람의 존엄을 지키는 사회의 기초' 라는 사실을 깨달았다.

그 경험이 이후 장애인단체, 지역아동단체

그리고 취약계층 주민들을 위한 세부 정책을 만드는 데

요긴한 밑거름이 되었다.

사회복지사 2급 자격 취득

• • •

나는 정치를 하는 가운데 바쁜 시간을 쪼개 숭실사이버대학교에서 사회복지학을 공부했다. 관악구에서 사회활동과 의정활동을 하면서 경제적으로 어렵고 사회적 소외된 분들을 만나 현안을 듣고 처리하다 보니 좀 더 체계적인 공부가 필요하다고 느꼈다. 복지의 사각지대에 놓인 분들, 특히 경증 장애인이나 외로운 어르신들을 만나서 소통할 때, 그분들을 제대로 이해하고 돕기 위해서는 간절한 마음만으로는 한계가 있었다. 그래서 복지에 관해 체계적으로 공부하고자 작정하고 숭실사이버대학교에 들어가 사회복지학을 전공한 끝에 사회복지사 2급 자격을 취득했다.

나는 공부하는 과정에서 복지정책은 그저 '도움을 주는 제도' 만이 아니라 '사람의 존엄을 지키는 사회의 기초' 라는 사실을 깨달았다. 그 경험이 이후 장애인단체, 지역아동단체 그리고 취약계층 주민들을 위한 세부 정책을 만드는 데 요긴한 밑거름이 되었다.

아직 갈 길이 먼 사회복지

• • •

그럼 우리의 사회복지 현실은 어떨까?

저출산·고령화·빈부격차 심화에 따라 사회복지 수요와 지출이 증가하는 가운데 사회복지사 처우 개선 및 전문성 확보, 지역별 불균형 및 복지 사각지대 해소 등의 과제를 안고 있다. 사회복지사라는 직업 자체의 고용 기반은 안정적이지만 박봉의 개선과 심한 업무 스트레스 완화가 요청된다. 특히 노인과 장애인 복지 분야는 상대적으로 취약한 데다가 수요는 폭증하고 있어 인력과 시스템 확충이 시급한 실정이다.

앞으로도 보완하고 확충이 필요한 복지 분야가 많은데, 이미 복지 재정이 우리 경제의 부담으로 떠오르고 있다. 이에 급증하는 복지 지출로 인한 재정 건전성 확보와 지속 가능한 복지 모델 구축이 중요한 과제가 되었다.

우리나라 사회보장지출은 저출산·고령화 그리고 정치권의 복지 지출 경쟁 등의 요인으로 인해 급증하고 있다. 1인당 GDP가 1만 달러에 이른 1990년의 사회보장지출은 GDP의 2.6%에 불과했지만, 이후 가파른 지출 증가세를 보이며 2021년 기준 GDP의 15.2%까지 성장하였다. OECD 통합사회지출 통계에 따르면, 한국의 1990년 사회보장지출은 당시 OECD의 평균(16.53%)의 6분의 1에도 못 미쳤지만, 2021년에는 OECD 평균(22.1%)의 3분의 2 수준까지 올랐다.

2025년 현재 여전히 GDP 대비 사회보장지출 비율은 OECD 평균보다 낮지만, 공적연금 지출이 본격적으로 시작되고 나면 OECD 평균에 근접할 것이다.

앞으로 사회보장지출은 새로운 제도 도입이 없더라도 각종 연금의 지출 증가 등 고령화로 인한 자연 증가가 본격화할 경우 2040년이면 OECD 평균을 넘어설 것으로 보인다. 만약 현행 사회보장제도가 더 확대 실행된다면 더욱 빨리 OECD 평균을 넘어설 것이다. 그러므로 대규모 추가 재정 부담 없이 지금 당장 할 수 있는, 또 해야할 일은 불필요한 사업을 최소화하고 부정 수급을 차단하는 등 좀 더 체계적이고 합리적인 복지정책 재설계가 필요하다.

사회보장지출의 꾸준한 증가세에도 불구하고 문제점은 여전히 남는다. 그중 복지 사각지대 문제가 가장 크다. 사회보장제도 전반의 포괄성이 높아지고 복지 사각지대 발굴 체계가 개선되고 있긴 하지만, 아직도 사각지대에 놓인 취약계층이 극단적인 선택을 하는 등의 안타까운 상황이 계속 발생하고 있다. 이는 국민기초생활보장제도에 포함되지 못한 차상위계층 지원제도가 취약하다는 구조적 문제도 있지만, 인력 부족과 업무 과중으로 인한 읍, 면, 동 복지 전달체계 과부하 등 행정상의 문제도 원인으로 꼽힌다.

통계상으로 볼 때는 사회보장제도 전반의 낮은 빈곤 개선 효과도 문제로 지목된다. 시장소득 빈곤율과 가처분소득 빈곤율의 차이를 통해 확인한 사회보장제도의 빈곤 개선 효과는 해마다 나아지고 있지만, 여전히 OECD 국가 가운데서는 하위권이다.

정부는 이러한 문제에 대해 국민기초생활보장제도 보완, 노인 일자리 사업 확대, 국민취업지원제도 도입 등 다양한 방식으로 대응해 오고 있지만, 윤석열 정부 들어 복지 예산을 오히려 대폭 축소하면서 상황은 더욱 나빠졌다. 다행히 윤석열 정부가 3년 만에 막을 내리고 이재명 정부가 들어서면서 망가진 복지 체계가 복원되는 가운데 기본소득 개념을 도입하고 재정이 더욱 확충됨으로써 우리 사회의 복지 체계가 진일보의 희망을 키우고 있다.

그런데도 여전히 해결되지 않는 문제들을 두고 일각에서 좀 더 급진적인 해결책을 제시하기도 하는데, 기본소득을 비롯한 대안적 사회보장제도들이다. 기본소득은 대표적인 대안적 사회보장제도이다. 이와 좀 다르긴 하지만 비슷한 제도에는 사회참여소득이 있다. 기본소득은 이재명 대통령이 성남시장 시절부터 들고나온 대안적 복지제도로, 여러 측면에서 긍정적 효과가 증명되었다. 이에 따라 기본소득당까지 등장했다.

그런데 기본소득 제도 시행에는 적잖은 재정이 필요하다. 이런 기본소득에 대한 국민의 태도는 다분히 이중적이어서 심층 연구와 실험이 필요하다. 우리 국민의 기본소득 도입에 대한 인식을 조사한 바에 따르면, 증세 등의 조건이 없을 때는 다수가 기본소득 도입에 찬성하지만, 증세나 다른 복지혜택 감소라는 조건이 따르면 다수가 도입에 반대하는 것으로 나타났다.

그래서 기본소득의 대안으로 나온 아이디어가 기본소득 개념을 부분적으로 적용하여 현실적으로 개선한 사회참여소득이다. 사회 참여소득이 기본소득과 다른 점은 봉사활동, 가사노동, 돌봄 노동과 같은 사회적 가치 창출 활동을 한 사람에게만 지급한다는 점이다. 사회적 가치 창출 활동은 사회적으로 의미가 있지만, 노동시장에서는 보상받지 못하는 활동을 의미한다.

경기도는 이러한 사회참여소득제도를 실제로 도입하여 '기회 소득'이라는 이름으로 운영한다. 예술인, 장애인, 체육인, 농어민, 아동 돌봄, 기후 행동 등 6개의 범주로 나눠서 기회소득제도를 운용하는데, 지자체가 제시한 기준에 맞는 활동을 할 때마다 소정의 급여를 지급한다. 앞으로 기본소득제도를 설계하는 데 좋은 참고가 될 것으로 보인다.

또 하나 대안적 제도에는 전통에서 유래한 '음의 소득세'(Negative Income Tax)가 있다. 음의 소득세는 노벨 경제학상 수상자인 밀턴 프리드먼이 처음 제안한 제도로, 소득 수준이 기준점보다 낮은 가구에는 보조금을 주고, 높은 가구에는 세금을 부과하는 제도다.

2021년 이후 서울시가 실험하고 있는 '디딤돌 소득'이 바로 음의 소득세를 응용한 제도다. 중위소득 85% 수준에서 기준 소득액과 가구소득 간 차액의 50%를 급여로 지급하는 조건으로 제도를 설계하였는데, 일단 서울시의 실험 결과 국민기초생활보장제도 수급자보다 디딤돌 소득 수급자의 탈 수급률이 높은 것으로 분석되고 있다.

이런 다양한 대안적 사회보장제도를 둘러싼 논쟁은 이제 시작되어 아직 어떤 최종 결론도 나오지 않았다. AI의 발달 등으로 노동시장이 급변하는 상황에서 미래 위험에 대비하는 대안적 사회보장제도를 제안하고 그 효과를 논의하는 것은 필요하다.

우리 사회복지 체계 개선과 재설계가 필요한 이유는 또 하나 있다. 1인 가구 증가세가 가파르다는 것이다. 2024년 1인 가구는 804만여 가구로 전체 가구에서 차지하는 비중이 36%를 넘어섰다. 2015년 27.2%에서 10년 만에 거의 10%나 늘어난 것이다. 현재의 증가세가 유지된다면 2047년에는 1인 가구가 1,000만에 이를 것으로 보인다. 거의 절반에 이르는 수치다.

또 인구의 노령화도 사회복지 체계의 재설계를 요청한다. 2024년 65세 이상 노인 인구는 사상 처음으로 1,000만 명을 기록해 전체 인구 중 20%를 돌파했다. 반면에 전국 어린이집은 2024년에 전년도보다 5.4% 감소한 2만 7,000여 개소에 이르렀다. 같은 기간에 유치원생도 2% 가까이 감소했다.

사회복지 체계는 각각의 사회적 특성과 재정적 여건 등 현실적 조건을 고려하여 그에 적합하도록 설계되고 실행되어야 한다. 나는 사회복지학 공부를 하면서 이렇듯 사회를 종합적, 입체적으로 보고 대안을 마련하는 안목과 역량을 갖추게 되었다.

04

의회학 공부로 체계적인 정책 수립 역량 키우기

의회학은 정책을 더 깊이 있게 다루고
의정의 본질인 '의사결정과 거버넌스'를
체계적으로 이해하는 데 필요한 공부다.
나는 사회복지학과 더불어 의회학 공부를 통해
주민의 목소리를 제도 속에 담아내는 방법을 배우고,
현장과 제도를 연결하는 실천형 정치인으로 성장할 수 있었다.

좋은 정치를 위한 만학의 열정

● ● ●

나는 사회복지학에 이어 중앙대학교 대학원에서 의회학을 공부했다. 주먹구구식 의정활동에서 벗어나 정책 입안자로서 전문적 역량을 기르고자 시도한 만학의 열정이다.

의회학은 정책을 더 깊이 있게 다루고 의정의 본질인 '의사결정과 거버넌스'를 체계적으로 이해하는 데 필요한 공부다. 나는 사회복지학과 더불어 의회학 공부를 통해 주민의 목소리를 제도 속에 담아내는 방법을 배우고, 현장과 제도를 연결하는 실천형 정치인으로 성장할 수 있었다.

의회학과는 지난 2019년 중앙대가 국내에서 처음으로 대학원에 개설한 학과로, 법학·정치학·행정학·심리학 등 여러 학과의 협동과정이다. 개설 원년에 신입생 13명(석사과정 10명, 박사과정 3명)가운데 11명이 광역의회나 기초의회에 소속된 현직 의원이었다. 이는 이제 지방정치도 전문성을 갖춰가고 있고, 의원들도 주먹구구식 의정에서 벗어나고 있다는 방증이다.

의회학은 국회나 지방의회 같은 입법부의 조직, 기능, 운영, 역할, 그리고 의원들의 활동 및 입법 과정을 학문적으로 연구하는 분야다. 의회학은 입법부의 민주적 정당성을 확보하고 정책 결정 과정을 깊이 분석하는 데 중점을 두는 독립된 학문이다. 다시 말해, 정치학의 한 부분이 아니라 실제 의회 운영의 전문성을 기르는 데 특화된 학문으로 의원 연구, 정책 개발, 입법 과정 분석 등을 다룬다.

의회학은 무엇보다 입법부의 전문성 강화를 위한 학과로, 의회의 효율적 운영과 민주적 절차, 그리고 의회와 시민사회 간의 소통 방안 등을 연구하는 것이 구체적인 내용이다. 그리고 의회가 정책 중심으로 운영되도록 하는 데 필요한 자질을 키워준다. 지방의회 조례 제정, 지역 정책 개발 등 실제 지역 의회 활동과 연관된 연구가 구체적인 내용이다. 또 국가 및 지방의회 연구 역량을 키워준다. 국회뿐만 아니라 지방의회의 역할, 조례 제정 과정, 의원들의 의정활동 등을 분석하여 정책 실현을 돕는 것이 구체적인 내용이다. 이로써 의회학은 민주주의 발전에 이바지하고, 정책의 실효성을 증대하며, 지역 정체성 확립에 필요한 비전 역량을 키워준다.

이제는 지방정치도 전문가 시대

• • •

사실 한 국가의 민주주의가 절차적 완성을 넘어 실질적 내용을 채워 진정한 민주주의로 나아가려면 풀뿌리 민주주의 정착이 선결 과제다. 민주주의는 지방의회, 즉 풀뿌리 민주주의로부터 시작되고 풀뿌리 민주주의로 완성된다는 얘기다.

그래서 이제 지방의회 전문가 시대는 더 미룰 수 없는 시대적 과제가 되었다. 지방자치 강화와 기능 확대로 인해 의회의 전문성과 독립성 그리고 효율성이 더욱 중요해지면서 정책 지원관 제도 도입, 전문 교육 강화, 입법 및 예산 심의 역량 향상, 그리고 지방 의회법 제정 등의 제도적 기반 마련이 시급하게 되었다. 이는 '지방의원은 명예직'이라는 철 지난 관념에서 벗어나 복잡해진 행정 업무와 주민 요구에 부응하기 위한 실무역량과 전문 지식을 갖춘 의회, 한마디로 정책 중심 의회로 나아가는 변화의 여정이다.

그런데 현행 지방자치법만으로는 이런 변화에 충분히 대응하기 어렵고, 변화의 내용을 담아내기도 어렵게 되었다. 그래서 별도의 지방의회법 제정이 추진되고 있는데, 하루속히 국회를 통과해 공포되어야 할 것이다. 지방의회 활성화가 지방의회법 제정에 달렸기 때문이다.

지방의회법을 통해 지방의회의 독립성(조직권, 예산권) 강화, 전문성 향상(정책 지원 전문 인력, 연구원 설립), 주민 참여 확대(주민 조례발안권 개선), 입법·감시 기능 강화가 이루어질 것으로 기대된다.

지방의회법에 따라 지방의회 운영 제도 개선도 기대된다. 정기회기를 연 1회에서 2회로 늘려 결산, 예산 심의, 행정사무 감사 등 주요 기능을 더욱 원활히 수행하도록 할 것이다. 그리고 의원 자질과 역량을 향상하고, 실질적 자치권을 확보하며, 풀뿌리 민주주의를 실현함으로써 주민이 주도하는 진정한 지방자치를 확립하고, 민주주의를 발전시키는 기반으로 삼을 것이다.

풀뿌리 민주주의와 깨어있는 시민의 힘

. . .

"민주주의 최후의 보루는 깨어있는 시민들의 조직된 힘입니다."

노무현 전 대통령이 생전에 풀뿌리 민주주의를 말하면서 강조한 정치 금언이다. '깨어있는 시민들의 힘'은 지난 12.3 내란을 극복하는 과정에서 분명하게 증명되었다. 그 밤중에 국회로 몰려든 시민들이 계엄군을 몸으로 막아서 민주주의를 지킴으로써 민주주의 최후의 보루임을 전 세계에 보여주었다.

풀뿌리 민주주의는 참여 민주주의라고도 하는데, 기존의 엘리트 위주의 정치 행위 대신 지역에서 평범한 시민들의 자발적인 참여를 통해 권력의 획득보다는 자신의 이익을 대변하는 정치 활동이다.

풀뿌리 민주주의는 1935년 미국 공화당의 전당대회에서 처음 사용되었는데, 이후 지방자치의 이념적 근거를 제공하고 민주주의의 기초로 작용해왔다.

대개는 지방자치제와 동의어로 쓰이는데, 헌법재판소도 다음과 같이 판시하여 지방자치의 요체가 풀뿌리 민주주의임을 확인해 주었다.

"지방자치는 국민자치를 지방적 범위 내에서 실현하는 것이므로 지방행정에 직접적인 관심과 이해관계가 있는 주민이 스스로 다스리게 한다면 자연히 민주주의가 육성·발전될 수 있다는 소위 '풀뿌리 민주주의'를 그 이념적 배경으로 하고 있다."

지난 12.3 내란 사태 이후 정국에서 가장 핵심적으로 대두된 과제는 민주주의의 회복이며, 이를 실현하는 방식은 기존의 대의제보다 풀뿌리 민주주의 강화에서 찾아야 할 것이다. 풀뿌리 민주주의가 현실에서 작동하기 위해서는 제도적 기반이 필요한데 그것은 기존 지방자치제나 중앙정치에 의제에 대응하여 간헐적으로 개입하는 것이 아니라 일상에서의 실천이 가능해야 하며, 이를 위해서는 마을 혹은 지역으로 특화된 경제 제도, 풀뿌리가 주체가 된 경제 제도가 필요하다.

지금껏 한국의 사회적 경제는 실업과 복지 문제를 해결하기 위해 정부가 주도해왔고, 이런 맥락에서 현재 진행되는 사회적 경제 논의의 확산은 정부의 정책 목표에 맞춰 이루어지고 있다. 그러므로 촛불혁명의 문제의식을 이어받은 풀뿌리 민주주의가 제도화하려면 기존의 사회적 경제 형태를 재편하는 것이 중요하다.

05

공부가 가장
필요한 정치

우리 민주주의의 기초를 다지고

진보적 시각으로 발전시켜온

역대 대통령은 모두 학력의 공백을

독서로 메운 열렬한 독서인으로

평생 공부를 손에서 놓지 않은 학인이기도 했다.

공부하는 정치인이 정치도 잘한다

• • •

나는 정치를 하면서 동시에 정치를 공부했다. 좋은 정치를 하기 위해서는 역시 공부만 한 게 없다. 이재명 대통령도 변호사 시절은 물론이고 성남시장이나 경기지사 시절에도 누구보다 바쁜 틈을 쪼개 국정 전반의 이해와 통찰에 필요한 공부를 꾸준히 해옴으로써 오늘날 준비된 대통령으로서 국정을 의욕적으로 이끌고 있다.

우리 민주주의의 기초를 다지고 진보적 시각으로 발전시켜온 역대 대통령은 모두 학력의 공백을 독서로 메운 열렬한 독서인으로 평생 공부를 손에서 놓지 않은 학인이기도 했다.

우리나라 현대 정치인 가운데 식견과 통찰 그리고 경륜이 가장 뛰어난 정치인은 아마 김대중 전 대통령일 것이다. 유신정권 시절에 김대중은 4년간의 가택연금과 3년간의 감옥 생활을 했다. 일찍이 평소에도 엄청난 독서가이던 김대중은 그 7년간 집에서든 감옥에서든 공부밖에 할 게 없었다.

1984년에 출간된 《김대중 옥중서신》(청사)에는 정치경제와 세계정세는 물론이고 문·사·철에 걸친 그의 방대한 독서 편력이 고스란히 담겼다. 영어 원서를 읽기 위해 콘사이스 영한사전을 몽땅 외워버렸다는 일화도 전한다. 이 시기 김대중의 독서와 사유는 그 질과 양에서 엄청났다. 상고 졸업이 최종 학력인 김대중을 박정희가 대학에 보냈다는 농담까지 돌았다.

같은 상고 출신인 노무현 전 대통령 역시 김대중에 버금가는 독서인으로 그 공부와 사유가 일세를 풍미할 만했다. 이재명 대통령은 소년공으로 일하느라 중학교도 못 나온 검정고시 출신이지만, 그 공백을 독서로 메운 열렬한 독서인이다. 그는 습득 능력이 뛰어나서 그 바쁜 공무 중에 짬짬이 해온 공부의 성취가 놀랍다. 그가 구상하고 실행 방안을 모색한 정책을 보면 그 성취의 깊이와 넓이를 알 수 있다. 무엇보다 그의 공부는 현실과 현장을 바탕으로 한다. 그래서 그의 정책도 현실에 기반을 둔 현장주의에 뿌리를 댄다.

이재명 대통령은 성남시장 시절에 '공부 모임'을 만들어 다달이 한 번씩 국정 각 분야 선생님들의 발제를 듣고 토론을 통해 체계적으로 공부했다.

2016년 무렵이다. 가령, 첫 번째 주제는 최태욱 교수가 발제한 '민주주의'였다. 여기서는 다수제 민주주의에서 합의제 민주주의로, 소선거구제에서 중대선거구제나 비례대표제로, 정치민주화를 넘어 경제민주화로 이행하는 문제를 다루었다.

우리 정치가 궁극적으로 승자 독식 시스템의 굴레를 벗고 권력 분점과 타협 그리고 양보를 통해 다양한 이해관계를 조화롭게 반영하는 사회구조가 바람직한 것으로 의견이 모였지만, 이재명은 기득권 세력은 새로운 시스템이 자기들한테 유리하다는 판단이 서지 않으면 절대 받아들이지 않을 거라고 염려했다.

이재명은 우리 정치 현실에서 진보와 보수 또는 좌우의 이념은 실재하는지, 실재한다면 어떤 모습인지 살펴보았다. 그는 우리 사회를 진보와 보수 그리고 중도로 나누는 갈라치기를 프레임의 산물로 보았다. 사람들은 자기가 진보인지 보수인지 잘 모르는 데 물어보니까, 둘 중 하나를 선택해야 하는 상황에 몰린다. 실상은 우리 사회의 70~80% 이상이 고용, 조세, 소득분배와 같은 특정 제도로 피해를 보는 집단인데 그걸 숨기려고 자꾸 진보, 중도, 보수를 강제로 나눠서 프레임을 덧씌운 인상이라는 것이다.

그러므로 이런 위장막을 걷어버리고 '다수 피해 대중 대 소수 기득 세력', '상식 대 비상식 하는 식' 으로 실체를 드러내어 정의롭게 이분하는 프레임을 만들어야 한다는 것이 공부하는 정치인 이재명이 내린 결론이다. 공부가 없었다면 얻기 힘든 통찰이다.

사안을 꿰뚫어 볼 안목을 키우는 공부

· · ·

또 정치인의 말은 직면한 상황에 들어맞아야 하며, 그 말이 갈등을 해결하는 실마리가 되어야 한다. 정치인의 말이 이처럼 시의와 상황에 적절하려면 역시 사안을 꿰뚫어볼 안목을 키우는 공부가 필요하다. 우리는 익히 보지 않았는가. 때도 장소도 가리지 않고 술 먹을 궁리만 했지 공부가 전혀 없는 '대통령 윤석열'은 말이 곧 재앙이었음을 말이다. 공부가 없는 정치인이 권력을 잡으면 언행은 물론이고 생각조차 재앙이 된다. 이재명 대통령이 말 잘하는 정치인으로 통하는 것도 열정적인 공부 덕분이다. 공부 없이는 정치인뿐아니라 그 누구도 말을 잘하기는 어렵다.

민주주의 체제에서 정치의 요체는 말이다. 민주주의는 말의 힘과 설득의 방법을 앞세우고 시민의 적극적인 동의를 기반으로 삼는 체제이기 때문에, 오늘날 민주주의 국가에서 정치는 곧 말이고 말이 곧 정치다. 그러므로 정치인은 말하는 사람이고, 그 말로 갈등을 조정하고 변화를 일으키는 사람이다.

우리는 오랫동안 말이 필요 없는 시대를 살았다. 기나긴 왕조시대는 물론이고, 일제강점기는 더 말할 것도 없고, 이승만 독재정권을 지나 박정희·전두환 군사정권까지 폭력으로 통치하던 시대에는 말은 거추장스러운 요식행위일 뿐이었다.

진정한 정치는 민주주의에서 나오는 것이고, 민주주의는 폭력의 대결 대신 말의 대결이고, 말로 국민을 설득하여 권력을 얻고 권위를 행사하는 것인데, 절차적 민주주의를 쟁취한 지 40년을 바라보는 오늘날 우리의 정치는 말의 실패가 쌓여가면서 심각한 위기에 빠져 있다. 정치의 실종 상태라고 해도 과언이 아니다.

"권위주의자의 실패는 힘을 잘못 사용하는 데서 비롯하고, 민주주의자의 실패는 말을 잘못 사용하는 데서 비롯한다"는데, 공감이 간다. 이승만이나 박정희 같은 권위주의자는 과연 힘을 잘못 사용함으로써 실패했고, 민주주의자를 자처하는 많은 정치인이 설화, 즉 입을 잘못 놀려 낭패하거나 몰락했다.

여기서 '말'은 '실행'에 대립하는 구체적인 계획으로써 말이 아니라 정치의 방향과 정책의 의지와 변화의 내용을 제시하는 '약속'으로서의 말이다. 무엇을 누구를 위해 왜 하는 것인지 묻고 대답하고 설득하는 것이 정치의 본질인데, 바로 그것을 전달하는 수단이 말이다.

정치의 말이 갖는 폭발성

• • •

정치에서 말의 중요성은 아주 오래전에 인식되었다. 고대 아테네의 최고 교사로 이름을 떨친 이소크라테스는 《안티도시스》에서 "말은 영혼을 보여주는 그림이며 생각과 삶을 드러내는 표상"이라고 갈파했다. 그러므로 마음에도 없는 말은 말이 아니며, 그저 '거짓말'일 뿐이다. 따라서 말을 잘하려는 노력은 말로 표현되는 생각과 영혼을 돌보는 일이라고 한 것이다.

지도자의 힘은 우선 말에서 나온다. 그 말이 말다울 때 대중을 설득하고 갈등과 분쟁을 해결하며 공동체에 희망을 준다. 헤시오도스는 《신통기》에서 이런 지도자의 말솜씨를 '뮤즈 여신의 선물'이라고 노래했다.

말이 대중의 마음을 움직이고, 모두 뜻을 모아 행동하면 말은 말에만 그치지 않고 현실이 된다. 그래서 지도자의 말은 국가를 비롯한 어떤 조직이든 공동체의 안정과 발전에 직결된다. 그러나 그 말이 진실하지 못하고 강고한 실천력으로 뒷받침되지 못하면 거짓말이 되어 공허한 울림으로 흩어지고 만다. 당장 한 표를 얻기 위해 무책임한 말을 쏟아내며 대중을 현혹한다면, 거짓에 휘둘린 공동체는 위험에 빠지고 몰락하게 마련이다. 그래서 지도자는 말을 함부로 해선 안 된다.

정치에서 말은 말로 끝나지 않는다. 말에 근거하여 강제를 다루기 때문에 무서운 것이다. 정치는 당과 정파를 막론하고 시민 모두를 구속하는 공적 결정을 도출하는 과정이다. 법안 하나를 만들어도 공청회부터 입법 제안에 이어 심사까지 다 말로 이루어진다. 그 말이 결론 끝에 누군가를 강제하고 처벌할 수 있는 법이 된다.

권력자, 가령 대통령이 말을 함부로 하거나 실언을 하게 되면 그때마다 시끄러운 것은 그 말이 갖는 힘 때문이다. 권력자의 말은 우선 정부 부처의 정책에 영향을 미치고 어떤 식으로든 여론의 향방에도 크게 힘을 미친다. 그것이 법률안으로 만들어져 국회로 넘어오면 치열한 논쟁이 벌어지고 국민 여론도 들썩인다.

그 말이 국내 정치에 한정된 것이라면 실언이거나 잘못된 발언에 따른 파급 효과도 한정적이겠지만, 외교 무대에서 저지른 실언이나 망발이라면 그 책임을 피할 수 없어 엄청난 대가를 치러야 한다.

그러므로 정치인의 말은 그저 형식뿐이 아니라 그 역할의 본질과 내용을 보여주는 핵심이다.

정치인의 말은 세 가지 요소로 구성

• • •

수사학적으로 따져보면 정치인의 말은 세 가지 요소로 구성됨으로써 정치적 함의를 띠고 설득력을 지닌다.

첫째는 지금 우리에게 무엇이 필요한지, 그와 관련해서는 어떤 변화가 필요한지를 말하는 신념과 이상, 즉 로고스를 제시하는 것이다. 둘째는 그 일을 제가 잘할 자신이 있으니, 한번 해보겠다는 책임감과 의무감 즉 에토스를 요청하는 것이다. 셋째는 그에 따른 불편과 고통에 대한 공감, 즉 파토스를 호소하는 것이다.

그러나 우리 정치에서는 정치의 말이 가져야 할 이런 구성 요소가 갈수록 무시되는 반면에, 아무 내용도 없는 자극적인 막말이나 상대방의 잘못으로 보호막을 치는 구차스러운 변명 따위가 기승을 부리고 있다.

특히 윤석열 전 대통령의 말은 정치인으로서는 최악이다. 중요한 정책이나 인사 문제에서 비판에 직면하면 그 비판에 대해 답을 하는 대신 엉뚱한 변명이나 반문으로 문제의 핵심을 비껴간다. 가령, 박순애 교육부장관 지명자에 대한 부적격 문제가 떠오르자 왜 적격인지를 설명하는 대신 대뜸 이렇게 변명 삼아 반문했다.

"전 정권에 지명된 장관 중에 이렇게 훌륭한 사람 봤어요?"

음주운전 전과에다가 그에 따른 거짓말까지 일삼은 인사를 국민에 대해 '적격'을 넘어 '훌륭한 사람'이라고 윽박지르는 이 말은 정치인의 말이 아니다. 음주 운전 한 번이면 교장도 못하는 현실에서 그런 인사가 교육부장관이 되면 교육 행정을 어떻게 하겠다는 걸까. 국정의 최고책임자답지 못한 무책임하고 졸렬한 처사다. 더구나 국민을 무시하고 모욕하는 이런 식의 발언이 대통령 입에서 나왔다는 것 자체가 창피한 일이다. 정치가는 공직을 받은 대신 성실하게 설명할 책임이 있다. 질문과 반문은 정치인이 아니라 국민이 하는 것이다.

말의 힘이 갖는 영향력

. . .

'말 한마디로 천 냥 빚을 갚는다' 는 속담처럼 일상의 사람 관계에서도 말은 중요하다. 심지어 한마디 말이 사람을 죽이기도 하고 살리기도 한다. 정치에서야 말의 중요성은 더 말할 나위도 없다. 특히 위기 국면에서 정치인의 말은 국면을 전환하는 결정적인 계기로 작용하기도 한다. 그래서 아무도 "정치는 곧 말" 이라는 데에 이의를 달지 않는다.

1861년, 흑인 노예를 물건으로 취급하던 미국에서 대통령에 당선된 링컨은 연차교서를 통해 노예해방을 천명했다.

"노예에게 자유를 허락함으로써 우리는 자유로워야 할 사람들에게 자유를 보장하는 것입니다. 그리하여 우리가 허락하는 것과 우리가 지키는 것이 똑같이 영광을 누릴 것입니다. 마지막으로 남은 최고의 희망을 훌륭하게 지키지 않으면 초라하게 잃고 말 것입니다."

이에 노예제 폐지를 반대하는 남부 연합이 연방을 탈퇴하고 섬터 요새를 공격함으로써 남북전쟁이 일어났다. 연방군은 수세에 몰리다가 1863년 7월의 게티즈버그 전투의 승리를 기점으로 전세를 역전하여 전체 전선에서 남부군을 압박했다. 게티즈버그 전투에서 승리한 연방군의 희생 역시 컸다. 전사자의 시신도 채 수습되지 않은 게티즈버그 전투 현장을 찾은 링컨 대통령의 짧은 연설은 이후 미국을 넘어 세계 민주주의의 이정표가 되어 왔다. 우리에게도 널리 알려진 마지막 대목이다.

"이 나라는 새로운 자유의 탄생을 보게 될 것이며, 인민의, 인민에 의한, 인민을 위한 정부는 이 지상에서 결단코 사라지지 않게 할 것입니다."

링컨에 앞서 정치원로이자 명연설가로 이름 높은 에드워드 에버렛이 장장 두 시간에 걸친 장엄한 추도사를 낭독했다. 뒤이어 단상에 오른 링컨의 연설은 단 2분에 불과했다. 링컨의 연설은 160년이 지난 오늘날까지도 더욱 생생하게 살아 공유되고 있지만, 에버렛의 연설은 있었는지조차 모를 정도로 잊혔다. 진정 말을 잘한다는 것이 무엇인지를 극명한 대조로 잘 보여주는 사례다.

1940년, 제2차 세계대전 중에 윈스턴 처칠은 영국 총리에 취임했다. 독일군이 파죽지세로 프랑스의 마지노선을 무너뜨리고 연합군을 사방에서 포위해 오자 공포감에 휩싸인 영국 의회는 처칠을 총리로 전시 내각을 출범시켰다. 처칠은 그 의회 연설에서 달콤한 거짓말 대신 솔직한 말로 헌신과 희생을 요구했다.

"나는 피, 수고, 눈물 그리고 땀밖에는 달리 드릴 것이 없습니다."

그리고 그 헌신과 희생이 왜 생존 이상으로 중요한 의미가 있는지를 설득했다. 전황은 더욱 나빠져 40만에 이르는 연합군이 도버해협이 가로막고 있는 덩케르크 해안까지 몰려 몰살의 위기에 처했다. 내각과 의회는 독일에 굴복하여 평화 협정을 맺도록 처칠을 압박했다. 그러나 끝까지 항전하기로 뜻을 굳힌 처칠은 다음과 같은 연설로 협상파를 설득했다.

"우리는 결단코 굴복하지 않을 것입니다. 우리는 해변에서 싸울 것입니다. 육지에 올라가서 싸울 것입니다. 들판과 거리에서 싸울 것입니다. 우리는 결단코 항복하지 않을 것입니다. 성공도 실패도 영원하지 않습니다. 중요한 것은 굴복하지 않는 용기입니다."

협상의 연막을 피우고 번 사흘간 남은 자원을 총동원한 전격적인 철수 작전으로 33만여 연합군을 사지에서 빼냈다. 덩케르크 철수 작전의 성공을 계기로 대대적인 반격을 가한 연합군은 마침내 승기를 잡을 수 있었다. 총으로만 하는 줄 아는 전쟁도 이처럼 말에 따라 그 성패가 갈린다. 이처럼 말은 몸이 하는 일의 흐름을 바꾼다.

미국에서 흑인이 투표권을 얻은 것은 노예해방 직후인 1870년이다. 그러나 남부 지역 대부분에서는 1세기가 지나도록 투표세와 문맹 검사를 내세워 사실상 흑인의 참정권을 봉쇄하고 인종차별법을 시행했다. 1950년대 앨라배마주 몽고메리에서 시작된 흑인 민권운동은 1960년대 셀마로 옮겨갔다. 1965년 3월 7일, 인종차별 철폐와 흑인 참정권 보장을 요구하는 비폭력 행진이 셀마에서 출발해 87㎞ 떨어진 몽고메리의 주 의사당을 향했다. 경찰의 강경 진압으로 유혈 사태가 발생했다. '피의 일요일' 이다. 3월 21일, 시위대는 세 번째 행진 끝에 의사당에 입성했다.

이후 존슨 대통령은 '투표권리법'(Voting Rights Act)을 제안하면서 다음과 같은 연설로 연방 의회를 설득했다.

"오늘 나는 인간의 존엄성과 민주주의의 운명을 위해 이야기하고자 합니다. 흑인의 문제란 없습니다. 남부의 문제도 없습니다. 오로지 미국의 문제가 있을 뿐입니다. 셀마에서 일어난 일은 미국의 모든 주로 확산하고 있는 훨씬 더 큰 움직임 가운데 일부에 불과합니다. 이는 미국의 흑인들이 미국 국민으로서 누려야 마땅한 삶의 모든 축복을 스스로 획득하려는 노력입니다. 그들의 명분이 우리의 명분이 되어야 합니다. 흑인만이 아니라 우리 모두 편견과 불의의 유산을 극복해야 합니다."

이 법안을 비롯하여 감세, 시민권, 교육과 의료에 대한 연방 지원, 의료 지원 등 획기적인 법안의 시행으로 미국은 국민을 위한 포괄적인 제도를 시행할 수 있게 되었다. 이로써 미국의 다양성이 크게 확대되었다.

1929년에 시작된 대공황이 절정이 달한 1933년, 은행의 절반이 파산하고 실업자가 수백만에 이르는 상황에서 대통령에 취임한 프랭클린 루스벨트는 진술하고 간곡한 연설로 절망에 빠진 미국민을 일으켜 세웠다.

"먼저 저의 굳은 믿음을 말씀드리겠습니다. 우리가 두려워해야 하는 것은 두려움 그 자체입니다. 실체가 없고 비이성적이며 명분도 없는 두려움은, 우리가 전진하는 데 필요한 노력을 마비시킵니다. 대공황이라는 이 암울한 시간을 통해 진정한 운명이란 우리가 그 운명을 섬기는 것이 아니라 우리 자신과 이웃을 섬기는 것임을 깨달을 수만 있다면, 이러한 시간을 보내는 것도 가치 있을 것입니다. 저는 헌법이 부여한 의무에 따라, 위기에 처한 세상 한가운데 신음하고 있는 국가라면 마땅히 취해야 할 조치를 제안할 준비가 되어 있습니다. 그리고 헌법이 제게 부여한 권한 내에서, 이 조치들 또는 우리 의회가 경험과 지혜를 통해 고안해낸 조치가 빠르게 시행되도록 노력할 것입니다."

루스벨트의 이 말과 함께 시작된 강력한 뉴딜 정책만으로 미국이 대공황의 수렁에서 빠져나온 것은 아니다. 이 연설에 용기를 얻고 고무된 미국민의 노력이 함께해서 가능한 일이었다. 정치에서 말은 이토록 강력한 힘을 지녔다.

좋은 말이 좋은 정치를 낳는다

• • •

보통 사람의 일상에서도 말이 험하거나 실없는 말을 하는 사람과는 상종하지 않게 된다. 함께 일을 도모하는 건 더구나 생각할 수도 없다. 험한 말은 증오를 낳고, 실없는 말은 불신을 낳는다. 동행이나 협력 또는 공감의 가능성을 아예 없애버린다.

그러니 정치에서는 더 말할 나위도 없다. 윤석열 전 대통령이 취임 이후 갈수록 더 말을 함부로 내뱉자 그 측근들이나 여당 인사들도 경쟁이라도 하듯 덩달아 말이 점점 더 나빠지더니, 급기야는 뒷골목 양아치나 쓸 법한 상스럽고 혐오스러운 막말을 아무렇지도 않게 내뱉었다. 정치를 외면하고 민주주의를 하지 않겠다는 태도다. 낮은 지지율을 좋은 정치로 만회하려고 노력하는 대신 그저 숨기고 책임 전가하는 데 급급해 분열과 적대의 말로 편을 가르고, 민주적 제도와 공적 시스템을 파괴한다.

왜 정치는 곧 말이라고 하는가. 정치는 말로 하는 인간 활동이기 때문이다. 힘이 아닌 말로 하는 것이 정치요 외교다. 정치인은 가진 게 말밖에 없지만, 그 말로 변화를 일으키는 사람이다. 심지어 미사일과 전투기를 가진 군인도 무력을 쓰기 전에 먼저 말로 무력이 필요한 상황을 예방하고 회피하는 노력을 한다.

역사상 숱한 전쟁이 벌어졌지만, 말로 막은 전쟁이 그보다 훨씬 더 많다. 말은 이처럼 생각보다 많은 일을 한다. 정치에서는 말이 전부라 해도 과언이 아니다.

그러므로 좋은 말이 좋은 정치를 낳고 나쁜 말이 나쁜 정치를 낳는다. 윤석열 대통령 재임 시절, 대통령이 노골적으로 사용자를 감싸고 도느라 노조와 노동자를 적대하는 막말을 서슴지 않고, 여당과 보수 언론은 질세라 맞장구치기에 바빴다. 이에 편승한 극우 유튜버는 가짜뉴스로 돈벌이까지 했다. 일제 강점을 미화하고 독립운동을 폄훼하는 거짓 주장까지 쏠쏠한 돈벌이가 된다. 나쁜 대통령이 나쁜 정치를 낳고 나쁜 정치가 나쁜 사회를 증폭한다. 아니, 나쁜 정치가 아니라 아예 정치 실종 사태를 일으켰다. 정치가 실종되면 권위주의적인 통치만 남고 민주주의는 없다.

독일의 총통 히틀러와 비슷한 시기에 집권하고 사망한 미국의 대통령 루스벨트는 취임식에서 대공황에 신음하는 국민을 위로하고, "두려워할 것은 두려움 자체뿐"이라는 명연설을 남겼다. 미국의 민주당은 애초에 남부의 노예 주들을 대표하는 보수 정당이었다. 공화당원인 링컨은 노예제도의 새로운 영토 확장에 반대하는 공화당의 강령에 따라 대통령으로 선출되었다. 노예노동에 절대적으로 의존해온 남부의 민주 당원들에게 달가울 리 없는 강령이자 대통령이었다. 그래서 남부의 민주 당원들은 연방에서 떨어져 나와 남부 연합을 결성하여 전쟁으로 변화에 맞선 것이다. 이런 민주당을 진보적인 정당으로 변화시킨 지도자가 바로 루스벨트다. 말의 힘이다. 정부의 책임과 역할을 약속했고 행정부 수반으로서 대통령이 가진 집행권을 적극적으로 사용하겠다고 선언했다. 그런 점에서 루스벨트의 취임 연설은 미국의 전통으로 내려온 '작은 정부'의 한계에서 벗어나 국가가 경제에 적극적으로 개입하는 '큰 정부'의 등장을 알린 최초의 신호탄이 되었다.

정치의 말이 가져야 할 세 가지 덕목

· · ·

일찍이 수사학에서는 정치의 말이 가져야 할 덕목 세 가지를 제시했다. 먼저, 말의 내용에 책임을 져야 한다는 것이다. 그다음으로는, 듣는 상대방을 존중하라는 것이다. 끝으로는, 말하는 당사자의 품격을 지키라는 것이다. 말하는 사람의 권위와 신뢰는 그 품격의 힘에서 비롯한다.

어느 경제학자가 말하기를 "민주주의는 회사 문 앞에서 멈춘다"는데, 그 말도 우리 현실에서는 지당하지만, 민주주의의 실패는 말의 실패에서 비롯한다.

오늘날까지 이어지고 있는 극단적인 지역감정은 역대 영남을 기반으로 삼아온 독재정권이 기획하고 조장한 음모의 산물이다. 이제는 검찰을 전면에 내세운 대통령과 정부 그리고 여당의 국회의원들이 거기에 더해 혐오와 분열의 언어로 청년 남녀를 가르고 노사를 가르고 정규직과 비정규직을 가르는 것도 모자라 색깔론까지 소환하여 정치를 되돌릴 수 없는 양극화로 몰아가고 있다.

2004년, 연방 상원의원에 당선된 오바마는 점점 더 심해지는 미국 사회의 양극화 구조를 경고하는 신랄한 연설을 남겼다. 미국을 빨간 주와 파란 주로 나누고 싶어 안달이 난 정치 기술자들에게 경고를 날린 것이다.

"우리가 말하는 동안에는 우리를 갈라놓을 준비를 하는 사람들이 있습니다. 정치라면 뭐든 받아들이는 언론 담당자들과 부정적인 광고를 하는 사람들이 그들입니다."

민의를 제대로 반영하는 지방의회를 만드는 것은
의원뿐만이 아니라 주민의 역할이기도 하다.
의원들은 자신의 권한이 어디에서 비롯한 것인지를
성찰하고 실천 방안을 찾아야 한다.
주민들은 맡기기만 할 것이 아니라
직접 참여하고 의회의 변화를 함께 만들어가야 한다.

3

관악구의회·
서울시의회 16년의
의정활동

01

의회와 의원의
존재 이유

의회의 존재 이유는 주민을 대표하여
입법 예산 심의 및 결산, 행정부 감시 및 견제 역할을 하고
민주주의를 실현하고 주민 복리를 증진하는 데 있다.
의회는 다수의 주민이 직접 참여하기 어려운
민주주의 시스템에서 선출된 대표들이 모여
국가 및 지역 공동체의 중요한 결정을 내리고
권력 남용을 막는 필수 존재다.

의회학을 공부하게 된 또 하나의 계기

• • •

내가 의회학을 공부하게 된 또 하나의 중요한 계기는 정치에 뜻을 두고 발을 들여 의정활동을 하면서 의회와 의원의 존재 이유에 대해 고민하게 된 바도 있다.

'지금 나는 정치인으로서 또 의원으로서 옳은 방향으로 옳은 길을 가고 있는가', 하는 질문을 수없이 던졌다. 그 질문에 대한 답을 얻기 위해 끊임없이 공부하던 나는 대학에 의회학이 개설되었다는 소식을 듣고 본격적으로 의회 공부에 나선 것이다.

의회의 존재 이유는 주민을 대표하여 입법 예산 심의 및 결산, 행정부 감시 및 견제 역할을 하고 민주주의를 실현하고 주민 복리를 증진하는 데 있다. 의회는 다수의 주민이 직접 참여하기 어려운 민주주의 시스템에서 선출된 대표들이 모여 국가 및 지역 공동체의 중요한 결정을 내리고 권력 남용을 막는 필수 존재다.

그런데 지역 주민과 가장 가까워야 할 지방의원 대개가 그렇지 못하다는 조사 결과가 있다. 한국지방행정연구원의 《지방 의정 브리프》(제47호, 2025) 조사에 따르면 지방의원의 이름과 정당을 정확히 알고 있는 주민은 15.8%에 불과하다. '전혀 모른다' 는 응답도 28%나 되었다. 지방의회가 시민 곁에 충분히 다가서지 못하고 있다는 방증이다. 지방의회 제도 30년 평가에서도 부정적 인식이 44.2%로 긍정 인식(18.5%)의 두 배를 넘었다.

지방의회는 왜 필요한가

• • •

지방의회는 1952년에 처음 문을 열었지만, 1961년 민주주의가 뿌리를 내리기 전에 군사쿠데타가 일어나 전면 중단되었다. 이후 1991년 기초의회 선거, 1995년 단체장 선거 부활을 거쳐 지방자치제가 전면 실시되었다.

하지만 이런 형식적 복원이 곧 실질적 자치 복원을 의미하지 않는다. 여전히 시민들은 묻는다.

"지방의회는 왜 필요한가?"

이 질문에 답하려면 지방의회의 존재 이유를 새삼 되새길 필요가 있다. 지방의회는 시민의 대변자이자 대리인으로서 집행부를 감시하고 견제하는 역할을 하는 데 그 존재 이유가 있다. 그뿐만 아니라 지방의회는 시민의 삶과 가장 가까운 현장을 살피는 존재이다. 지방의회의 역할은 문제를 드러내는 데서 멈추지 않는다. 행정 집행의 문제점을 정확히 짚고 개선을 촉구하며, 실질적인 변화를 끌어내기 위한 제도적 보완책을 마련하는 것까지 포함된다.

지방자치의 성과 및 향후 과제

• • •

한국지방행정연구원이 실시한 '지방자치의 성과 및 향후 과제에 대한 대국민 여론조사'에 따르면, 국민은 지방자치의 필요성에는 대체로 공감하지만, '지방의회 의원의 업무수행·의정활동에는 만족하지 못한다'는 의견이 다수였다.

'지방의회 의원의 의정활동에 만족하는가?' 하는 질문에는 부정적 응답(38.5%)이 긍정적 응답(13.0%)의 3배에 이를 정도로 불만이 팽배했다. 지방의회 의원의 의정활동에 불만족한 데는 전문성 부족(35.6%)이 가장 큰 이유였고, 부패 및 도덕성 부족(29.1%), 통제장치 부족(13.5%), 중앙정치 예속(13.2%) 등이 뒤를 이었다.

나 역시 전문성 부족을 절감해서 사회복지학과 의회학을 공부하는 등 전문성을 키우려고 밤잠을 아껴 노력한 것이다.

지방정치의 새로운 변화

• • •

우리나라 헌법은 주권재민을 천명하고 대의민주주의를 채택했다. 일상에 바쁜 국민을 대리하고 대표하기 위해 선출직 대표자를 뽑는다. 지방의원 역시 주민들에 의해 선출된다. 민의를 수렴하고 대변해달라는 뜻이다. 그것이 지방의회의 존재 이유다. 지방의회의 역할은 정부에 대한 견제에도 있지만, 근본적인 역할은 주민 목소리를 귀담아듣고 그 뜻을 반영하는 데 있다. 주민들과 끊임없이 소통하고 지역 현안을 함께 고민하고 토론하는 것이 중요하다. 이를 위해 의원 개개인의 노력도 필요하지만, 민의를 반영하기 위한 제도적 장치와 시스템을 만들어 운영할 필요가 있다.

지방의회의 새로운 변화를 만들어가는 사례도 있다. 경기도 과천시의회는 2019년부터 예산결산특별위원회의 계수 조정 회의를 모두 공개한다. 시민 누구나 회의를 방청할 수 있으며, 생방송으로 중계하고 회의록도 공개한다. 본예산만이 아니라 추가경정예산 심사 과정도 모두 공개한다. 이는 과천시의회가 2019년 4월 '과천시의회 회의 규칙' 을 개정한 데 따른 것이다. 규칙 제69조(예산안의 심의) 2항에 '예산결산특별위원회의 계수조정 회의는 공개한다' 는 문구를 새로 넣었다.

"위원회 소속 위원이 요청하고 출석위원 3분의 2 이상이 찬성하는 경우에는 공개하지 아니할 수 있다" 는 단서 조항이 있긴 하지만, 과천시의회는 계수 조정 회의를 예외 없이 공개한다.

미국 뉴저지주의 버건카운티 의회는 매주 한 차례 열리는 주민공청회를 통해 다양한 주제에 대한 의견을 듣고 토론을 벌인다. 공청회 나흘 전에 안건이 공개되고, 주민 발언은 전적으로 보장된다. 참여자가 많으면 1인당 3분 이내로 발언을 제한해 공정한 기회를 만든다. 공청회를 통해 수렴된 주민 의견은 의원들과 행정 수반이 협의해 사안을 하나씩 처리한다. 회의 결정 사항은 공청회에 참석한 주민들에게 전달한다. 주민이 낸 '동물 서커스를 금지해달라' 는 요구를 수렴해 이를 금지하는 조례를 제정하기도 했다.

서대문구의회는 2019년 11월 본회의장에서 '공무 국외출장 주민보고회' 를 열었다. 국외출장에서 얻은 경험과 지역에 적용할 수 있는 정책안을 구의원들이 직접 주민들에게 상세히 알리고 주민들과 토론했다. 보고회에 참석한 주민들은 해외 사례의 적용 방안과 의원들의 공무 국외출장 전반의 개선 방안을 질의하고, 의원들로부터 하나하나 설명을 들었다.

민의를 제대로 반영하는 지방의회를 만드는 것은 의원뿐만이 아니라 주민의 역할이기도 하다. 의원들은 자신의 권한이 어디에서 비롯한 것인지를 성찰하고 실천 방안을 찾아야 한다. 주민들은 맡기기만 할 것이 아니라 직접 참여하고 의회의 변화를 함께 만들어가야 한다. 권한과 책임은 동전의 양면이다. 권한 없는 책임이란 있을 수 없으며, 책임이 따르지 않은 권한은 위험하다. 지방의원의 부정적 행태가 연일 언론에 보도되는 현실에서 주권자인 주민의 역할이 소중하다.

02

관악구 의회
의정활동 8년

의정대상을 받은 나는
"황소같이 듬직한 일꾼이 되겠다는
초심을 잊지 않을 것이며,
앞으로도 겸손한 자세로 지역민들의
손과 발이 되어 주민들의 삶의 질 향상을 위해
열정을 다해 의정활동에 임하겠다"는
수상 소감을 밝혔다.

한 사람의 목소리가 정책이 될 수 있다

• • •

나는 2010년부터 8년간 기초의회 의원으로 활동하면서 정치인으로 성장했다. 그리고 주민들과 함께 울고 웃으면서 보람도 많이 느꼈다.

2010년 관악구 의원으로 처음 당선되어 의정활동을 시작한 지 두 달쯤 지났을 때, 지역아동센터 심의위원으로 위촉되어 첫 회의에 참석하게 되었다. 회의가 끝난 뒤, 문 앞에서 지역아동센터 관계자 분들이 "아이들이 공부할 수 있는 환경이 너무 열악하다"며 예산지원을 호소했다. 당시 나는 관악구의 예산 구조를 잘 몰라 바로 답을 드리지 못하고, 의회로 돌아와 재선의원에게 도움을 구했다. 그때 처음으로 지역아동센터가 경제적으로 얼마나 어려운 여건 속에서 아이들을 돌보고 있는지를 알게 되었다.

그 일을 계기로 담당 부서와 여러 차례 논의를 거듭하며 예산을 증액해 지원하고, 실제로 아이들의 학습 환경이 개선되는 모습을 보며 큰 보람을 느꼈다. '한 사람의 목소리가 정책이 될 수 있다' 는 사실을 처음 실감한 순간이었다.

현장을 아는 정치, 민원을 정책으로 풀어내는 정치

• • •

또 하나 기억에 남는 일은 관악구 청소 문제 해결을 위해 '청소특별위원회' 위원장으로 활동한 일이다. 당시 관악구는 청소대행업체와 행정 간의 갈등이 깊었지만, 나는 그것을 단순한 행정 문제로 보지 않고 협력의 문제로 접근했다. 대행업체도 결국 구민의 삶의 질을 함께 책임지는 동반자라는 인식 아래, 상호 신뢰를 기반으로 제도를 개선하고 효율적인 청소체계를 만드는 데 힘썼다.

돌이켜보면 그 시절의 경험들이 나를 '현장을 아는 정치인', 그리고 주민의 불편을 정책으로 풀어내는 사람으로 성장시킨 중요한 밑거름이 되었다.

전신주 이설 관련 정책 건의

• • •

2018년 1월, 나는 관악구의회 임시회에서 5분 자유발언을 통해 전신주 이설 관련 정책을 건의했다.

"지난 8년간 구의원을 하며 보니 전신주와 관련한 주민들의 민원이 많았습니다. 토목과는 한전과 한국통신을 상대로 노력을 해서 해결을 하기도 하지만 그렇지 못한 경우도 많습니다. 민원 해결을 위해 현장에 가서 이설을 하려고 하면 이설을 하는 쪽 건물주의 반대로 이설이 어려운 사례가 많습니다. 이에 대한 집행부의 대책을 요청합니다."

도로 가운데 전신주가 생겨난 것은 건물의 신축 및 증축으로 건축물 후퇴와 가각정리 등으로 인해 발생한다. 건물의 신축이나 증축으로 발생하는 통행 지장 전신주는 전기사업법 제72조 1항에 따라 원인자(건축주)가 설비를 부담하여 이설 등을 조치해야 하지만 전신주 이설에 따른 비용이 고액이고, 주변 건물과의 이해관계 때문에 이설 위치 선정이 어려운 실정이다. 그런 사정으로 2017년 전신주 이설 요청 건수 총 22건 중 처리 완료는 4건, 미처리 건수는 18건이며, 한전 전신주는 7건 이설 요청에 1건도 처리를 하지 못했다.

이에 나는 건축 허가 시 이설 조건으로 건축 허가를 내준다면 전신주로 인해 발생하는 불편함이 크게 줄고 주차 시 차량 파손 및 긁힘 사례가 줄 것이라는 대안을 제시하며 건축과에 관련 정책 입안을 요구했다.

구의회 의장협의회 의정대상 수상

• • •

2017년 1월 18일, 나는 '서울특별시 구의회 의장협의회'에서 수여하는 의정대상 수상의 영예를 안았다. 의정대상은 서울시 자치구의회 의원들을 대상으로 성실한 의정활동으로 주민들의 복리 증진과 지역사회 발전에 기여함은 물론 풀뿌리 지방자치 정착에 공헌한 지방 의원에게 수여하는 상이다.

나는 "황소같이 듬직한 일꾼이 되겠다는 초심을 잊지 않을 것이며, 앞으로도 겸손한 자세로 지역민들의 손과 발이 되어 주민들의 삶의 질 향상을 위해 열정을 다해 의정활동에 임하겠다"는 수상 소감을 밝혔다.

나는 제6대 관악구의회 청소특위위원장과 예산결산위원장을 역임한 재선의원으로 제7대 후반기 보건복지위원장을 맡아 소외계층 지원과 지역사회 발전에 앞장서는 등 구 발전을 위해 성실하고 헌신적으로 의정활동을 펼쳐왔다는 평가를 받아 의정 대상을 수상한 것이다.

사회적 약자의 친구로서

• • •

2017년 12월 19일, 나는 '농아인과 함께하는 사랑 나눔 송년의 밤' 행사에서 서울시농아인협회 관악구지회로부터 감사패를 받았다. 농아인들의 권익 증진을 위해 기여한 공로를 인정받은 것이다.

서울시농아인협회 관악구지회는 "관악구의회 송도호 보건복지위원장이 남다른 열정과 투철한 사명감으로 청각·언어장애인(농아인)의 권익 증진을 위해 이바지하여 감사패를 수여한다고" 고 했다.

나는 "소외계층 발굴과 지원 그리고 주민들의 복지 향상을 위해 힘써온 관악구의회 보건복지위원회를 대표해서 받은 상이라 생각한다. 앞으로도 청각·언어장애인(농아인)을 비롯한 사회적 약자들을 위한 의정활동에 최선을 다하겠다" 는 소감을 밝혔다.

더 낮은 곳에서

· · ·

2017년 12월 4일, 나는 보건복지위원장으로서 행정사무 감사 기간 중 회의 감사를 통해 대행업체 노동자에 대한 임금 인상과 근로 조건 개선을 계속 요구하여 집행부의 약속을 받아냈다.

대행업체 노동자 임금·근로 조건을 직영 수준으로 높일 것을 요구하면서 분뇨처리 대행업체 노동자 임금 및 처우가 폐기물처리업체보다 미흡한 사실을 지적하고 개선을 요구했다.

미래 세대를 위해

• • •

2016년에 내가 대표 발의한 '관악구 아동 친화 도시 조성에 관한 조례안' 이 본회의에서 원안대로 가결됨으로써 미래 세대를 위한 도시환경 조성에 한 걸음 더 나아가게 되었다. 조례안을 발의한 취지는 "관악구 모든 아동의 권리가 존중되고, 아동이 건강하고 행복하게 성장할 수 있도록 아동과 관련된 정책을 종합적 체계적으로 추진함으로써 아동 친화적인 도시를 조성하려는 것" 이다.

이와 유사한 정책은 당시 서울시 6개 자치구에서 이미 조례 제정을 통해 시행되고 있었다. 나는 이런 사실을 환기하면서 예산 범위 내에서 조례에 맞는 사업을 신중하게 접근하고 충분히 검토하여 아동들을 위해 적극적으로 필요한 사업을 추진하여 시행할 바를 당부했다.

꼭 필요한 곳으로

• • •

내가 2017년에 대표 발의한 '맑은 공기, 건강 구민을 위한 노후 청소 대폐차량 구입지원 건의안' 이 본회의에서 원안대로 가결됨으로써 서울 시민은 누구나가 마음 놓고 숨 쉬고, 시민의 건강을 해치는 미세먼지, 배출가스의 위험으로부터 자유롭게 될 기반이 마련되었다.

그동안 시민 생활과 밀접한 청소 차량이 막대한 교체 예산으로 인해 내구연한이 한참 지나도록 노후화했는데도 교체되지 못하고 있어 미세먼지 및 배출가스 발생, 폐기물 수거 지연, 환경오염 등으로 시민 삶의 질을 떨어뜨려 왔다. 이런 사정을 개선하기 위해 건의안을 제출한 것이다.

건의안의 골자는 노후화된 청소 차량의 현대화에 필요한 재정지원 및 전략을 수립하고 즉각 시행하라는 것이다.

봉천천 생태하천 복원과 수변공간 조성 요구

• • •

2017년 6월 22일, 나는 관악구의회 제3차 본회의에서 일문일답 형식의 보충 질문을 통해 봉천천 복원과 수변공간 조성을 요구했다.

봉천천은 관악산에서 발원하여 관악구를 동서로 흘러 도림천으로 합류하는 생태하천이지만 1980년대 남부순환로 교통량을 분산하기 위해 복개공사를 통해 도로를 만들었다. 당시 봉천천은 하수를 흘려보내는 역할만 하고 있어 생태성 복원이 요청되는 상태였다. 그래서 주민들로부터 하천 복원 요청이 빗발치던 시기였다.

관악구 출신 시의원들의 노력으로 하천 복원을 위한 타당성 조사 용역비가 1억 5,000만 원 반영돼 용역이 수행되는 가운데 "봉천천을 생태하천으로 복원하기 위해서는 넘어야 할 산이 많지만, 하천 생태 복원과 수변 공간 조성을 통해 구민들에게 봉천천을 되돌려드리는 일에 구청장을 비롯한 직원들 모두 적극적으로 추진할 것"을 요구한 것이다.

이에 대해 구청 측으로부터 "봉천천 복원은 지난 2015년 중앙정부 국토교통부 하천 기본계획에 나와 있고, 서울시 2030 도시기본계획에도 복원계획이 나와 있으므로 구에서 잘 설득해서 관련 예산을 지원받을 수 있도록 국회의원과 협조해 나가겠다"는 답변을 들었다.

[특별 인터뷰]

관악구의회 의정활동을 돌아보며

제7대 관악구의회 후반기 보건복지위원장을 맡은 나는 2016년 9월에 관악구 관내 지역신문 3사가 공동 진행한 특별 인터뷰를 갖고 지난 의정활동을 돌아보고 남은 의정활동을 어떻게 마무리할 것인지를 담담하게 밝혔다. 나는 더불어민주당 소속 재선의원으로 제6대 의회에 이어 제7대 의회에서도 예산결산위원장의 중책을 맡아 임무를 충실히 완수

했으며, 제7대 의회에서는 전반기 의정활동 시민단체 평가 1위를 차지하는 등 주민의 폭넓은 지지를 받았다.

[문] 후반기 보건복지위원장으로서 위원회를 어떻게 이끌어나갈 것인지요?

▶ 위원장 개인적으로 독단적으로 운영하는 것이 아니라 보건복지위원들과 같이 위원회를 운영해 나가겠습니다. 구의원들은 주민들을 대변하는 위치에 있으므로 꼭 필요한 부분이 있으면 비목을 신설하더라도 주민들을 위한 예산도 반영할 수 있다고 봅니다. 위원장만이 아니라 보건복지위원들도 같이 알아야 하므로 관계자들과의 간담회를 위원들과 함께 개최하여 주민들의 입장을 잘 대변하겠습니다.

[문] 후반기 보건복지위원장을 맡아 추진한 활동이 있다면 무엇입니까?

▶ 보건복지위원회가 일하고자 한다면 해야 할 일이 아주 많습니다. 그래서 제가 위원장을 맡고 2016년 11월 행정사무 감사에 앞서 5회에 걸쳐 보건복지 관계자들과 소속 위원회 위원들과의 간담회를 주선했습니다. 실제 관계자들과 접촉해보지 않으면 무엇이 필요한지 무엇을 도와줘야 할지 모릅니다. 11월 회기가 시작되기 전에 소속 위원들이 참석한 가운데 관계자들과 서로 대화하고, 소통해보자는 취지로 간담회를 열어 성과가 있었습니다. 간담회는 보건 복지사업 관계자인 요양병원 연

합회, 민간·가정어린이집, 지역아동센터, 생활폐기물 수집 운반 청소 대행업체, 분뇨 수집 운반업체, 장애인단체 등이 각각 참여한 가운데 진행되었습니다.

[문] 관계자 간담회 중 해당 업체의 요구와 관련하여 공감된 내용이 있다면요?

▶ 생활폐기물 수집 운반 청소대행업체가 종량제 봉투 가격을 100% 인상해 노동자 임금인상을 위한 여력이 있는 것과 달리, 분뇨 수집 운반 대행업체의 경우 9년 동안 수거 수수료를 한 푼도 인상하지 않아 열악한 환경에서 일하는 분뇨 수거 노동자 임금이 상대적으로 낮은 것으로 확인되었습니다. 인건비가 계속 인상되는데 수거 수수료가 인상되지 않으면 인원을 축소하게 되고, 인건비를 인상하지 않으면 숙련 노동자가 다른 지역으로 이직해버려 서비스 질이 낮아지는 문제점이 있는 것으로 나타나 수거 수수료 인상에 대한 필요성이 있는 것으로 공감되었습니다.

민간·가정어린이집에서는 국공립어린이집 확대 시 기존 민간이나 가정 시설을 국공립으로 전환하는 것은 환영하지만, 신규 국공립어린이집 설치는 기존 시설을 이용하는 아이들이 빠져나가 운영상 어려움을 겪는다며 국공립어린이집 신설을 반대했습니다. 또 영아 보육을 전문으로 하는 가정어린이집도 그와 같은 어려움을 겪을 수 있으므로 국공립어린이집에서 수용 영아 수를 제한하여 가정어린이집이 피해를 보지 않도록 배려할 것을 제안하여 공감을 얻었습니다.

[문] 생활폐기물 · 음식물쓰레기 · 재활용품 수집 운반 등 청소 행정에 대한 개선 방안이 있다면요?

▶ 현재 2일에 한 번씩 청소대행업체가 생활폐기물과 음식물쓰레기를 먼저 수거하고, 그다음으로 관악구청 직영으로 재활용품을 수거하고 있습니다. 그런데 가장 늦게 수거하는 재활용품의 경우 폐품 수집 어르신들이 돈이 되는 재활용품을 찾기 위해 흩어 놓아서 아침에 되면 일이 많아집니다. 수거 주체가 다르므로 뒷마무리 청소와 정리할 대상이 없어 민원이 제기되고, 뒤늦게 기동반이 투입해 청소하는 실정이지요.

하나의 주체가 생활폐기물, 음식물쓰레기, 재활용품 등을 한꺼번에 수거한다면 정리 정돈까지 하고 가져갈 수 있으므로 원스톱 수거 방식이 요구됩니다. 지난 6대 의회 청소특위에서 브라질 해외 비교 시찰 사례를 근거로 원스톱 수거 방식을 제안하여 시범 사업 예산이 편성되었으나 의회 내 입장이 분산돼 예산을 반영하는 데 실패한 것은 아쉽습니다. 이와 함께 깨끗한 관악을 만들기 위해 2일에 한 번 수거하는 방식이 아니라 매일 수거하는 방안이 제기돼 현재 청소행정과에서 용역을 의뢰한 것으로 알고 있습니다.

[문] 끝으로 구민들에게 하고 싶은 말씀이 있다면요?

▶ 보건복지위원회에서 가장 중요한 사업은 청소 행정으로, 정답은 없습니다. 하지만 얼마만큼 구민들이 협조해주느냐가 관건이므로 구민들의 협조를 부탁드립니다.

이와 함께 어려운 처지에 있는 구민들이 아직도 문턱이 높다고 생각하거나 잘 몰라서 복지혜택을 못 받는 부분도 많습니다. 구의원은 구민의 편익을 위해 존재하는 대리인이자 심부름꾼입니다. 의회의 문은 늘 활짝 열려 있으니 언제든지 의회를 방문하여 도움을 요청하실 수 있습니다. 법적으로 지원되지 않는 건 어쩔 수 없더라도 집행부의 담당 공무원들과 논의해 최대한 해결 방안을 찾도록 노력하겠습니다.

서울시 의회
의정활동 8년

관악구는 서울에서도 재정이 가장 열악한 지역 중 하나로,
기초의원 시절에는 예결위원장을 맡았을 때조차
지역구 예산으로 1,000만 원조차 확보하기 어려운
현실을 직접 체감했다.
그래서 보다 넓은 재정 권한을 가진 서울시로 가야,
관악구에 실질적인 변화를 가져올 수 있다는 판단이 섰고,
그에 따라 광역의원에 도전했다.

내가 서울시의회로 간 까닭

• • •

나는 관악구 재선의원으로서 서울시 광역의원에 도전하여 당선되었다. 나는 기초의회에서 8년간 활동하며 예산과 정책에 관해 누구보다 꼼꼼히 공부했다. 관악구는 서울에서도 재정이 특히 열악한 지역 중 하나로, 기초의원 시절에는 예결위원장을 맡았을 때조차 지역구 예산으로 1,000만 원도 확보하기 어려운 현실을 직접 체감했다. 그래서 보다 넓은 재정 권한을 가진 서울시로 가야, 관악구에 실질적인 변화를 가져올 수 있다는 판단이 섰고, 그에 따라 광역의원에 도전했다.

관악구와 서울시를 위해 분투한 8년

• • •

서울시의회에 입성한 뒤에는 그 목표를 현실로 만들기 위해 노력했다. 2022년 관악구가 집중호우로 특별재난지역으로 선포되었을 때, 나는 서울시 도시안전건설위원장이자 재난지원금 심의위원으로서 현장 복구와 지원에 직접 참여했다. 당시 침수피해 가구당 지원금이 100만 원에 불과했는데, 내가 상임위에서 제안하고 조정하여 200만 원으로 올렸다.

또 도림천 복원 사업 예산 230억 원을 확보해, 내 임기 중 복원 사업을 성공적으로 마무리했다. 아울러 봉천천 복원사업도 단계별로 추진 중이다. 도시안전건설위원장 시절, 물순환국장과 치수안전과장 등과 협의하여 봉천천을 3개 구간으로 나누고 1단계로 도림천 합수부~당곡사거리 구간 개발을 우선 추진하기로 했다. 당시 450억 원의 예산을 확보해 서울시 투자심사에 올렸고, 재활용센터 부지 및 보라매공원 지하 연계 개발 방안을 함께 검토 중이다. 2026년 투자심사 통과 후 착공을 목표로 하고 있다.

또 교통위원회로 상임위를 옮긴 뒤에는 관악구의 고질적인 주차난 해소에 집중했다. 서림동 해태어린이공원 지하 공영주차장 사업을 서울시 예산에 반영시켜 실시설계비 3억 원을 확보했고, 은천동 상도근린공원 지하 공영주차장은 내가 2019년 교통위원으로서 종잣돈 10억 원을 마련해둔 덕분에 현재 공사가 마무리 단계에 있다. 대학동 공영주차장 사업 또한 서울시의 신규 예산지원이 어려운 상황이었지만, 상임위를 설득해 본예산 10억 원과 실시설계비를 확보해 사업이 차질 없이 진행 중이다.

이처럼 광역의원은 정책과 예산을 연결해 지역의 실질적 변화를 만들어내는 자리다. 기초의회가 주민의 목소리를 듣는 곳이라면, 시의회는 그 목소리를 실제 정책과 예산으로 바꾸는 곳이라고 할 수 있다. 나는 지난 8년간 그 역할을 충실히 수행하기 위해 현장에서 답을 찾고, 중앙과 지방을 잇는 가교역할을 해왔다.

자랑스런 한국인 100인 대상 수상

• • •

2023년 2월 19일, 나는 지방자치 및 의회 부문에서 도시건설 발전에 이바지한 공로를 인정받아 '2023 한국을 빛낸 자랑스런 한국인 100인 대상'을 수상했다.

이 상은 '자랑스런 한국인 대상 조직위원회'가 주최하고 (사)대한민국신문기자협회, (사)대한민국언론인연합협의회 등에서 주관하여 정치·사회·문화·종교·예술 등 각 분야에서 타의 모범이 되고 한국 사회 발전에 이바지한 사람들을 대상으로 수여한다.

나는 서울특별시의회 11대 전반기 도시안전건설위원회 위원장을 맡아 도시고속도로에 대한 입체화를 통한 사람 중심의 도로 개편, 간선 도로망 확충, 복개 하천의 생태하천 복원 등을 통해 지역 균형 발전과 수변 중심의 혁신도시를 건설하겠다는 적극적인 의지를 실천한 공로로 이 상을 받았다.

주민이 체감하는 변화 선도

• • •

나는 2025년도 서울시 예산안에서 관악구 주민들의 생활환경 개선과 안전 강화를 위해 상당한 규모의 특별조정교부금을 확보했다. 확보된 교부금은 주민이 일상에서 직접 체감할 수 있는 사업들로 구성되었다. 세부 사항을 보면 상도근린공원 지하 공영주차장 건립 비용, 은천동 옹벽 보수 정비 비용, 청소 차량 교체 및 안전관리 비용, 어린이공원 리모델링 비용, 우범지역 보행환경 개선을 위한 조도 개선 사업 비용 등이다.

상도근린공원 지하 공영주차장은 만성적인 주차난 해소와 함께 지역 교통질서 개선에도 기여할 것이다. 그리고 은천동 옹벽 보수 정비는 주민 안전을 지키는 필수 사업이고, 청소 차량 교체는 노후 장비로 인한 사고 위험을 줄이는 동시에 쾌적한 도시환경 관리에도 큰 도움이 될 것이다.

어린이공원 리모델링 사업은 노후화된 시설을 개선해 아이들에게 안전한 놀이 공간을, 부모 세대에게도 안심할 수 있는 환경을 제공할 것이다. 우범지역 조도 개선 사업은 골목길과 취약지역에 LED 조명을 확대 설치해 범죄 예방과 주민 보행 안전 강화 효과를 거둘 것이다.

이번 특별조정교부금은 단순한 예산 확보 성과가 아니라 주민의 삶의 질을 실질적으로 변화시키는 투자다. 앞으로도 관악구 발전과 현안 해결을 위해 필요한 재원을 꾸준히 확보하고 주민의 목소리를 정책에 반영할 것이다.

표류하는 서부선 사업에 대해 재정 전환 등 대안 촉구

• • •

2025년 11월 14일 열린 종합감사에서 나는 서부선 도시철도 사업이 협상 지연과 민간 컨소시엄 이탈로 사실상 추진 동력을 상실했음을 지적하고, 서울시에 재정 전환을 포함한 현실적 대안을 마련할 것을 강력히 촉구했다.

서부선 도시철도는 민자 방식만으로는 사업 추진이 어려우므로 서울시는 주민이 체감할 수 있는 명확한 로드맵을 즉시 제시해야 한다. 공사비 급등과 PF 시장 위축, 금리 부담 등으로 민간 투자 환경이 악화하고, 일부 출자자 이탈로 협약 체결 자체가 불투명해졌기 때문이다. 그런 가운데 2026년 실시설계 감리비가 본예산에 반영되지 않은 점으로 보아 서울시의 사업 추진 의지에 의구심이 든다. 제3자 재공고, 재정 전환, 예타 재추진 등 후속 절차를 사전 준비하고, 제3차 도시철도망 구축 계획에 서부선을 포함해 행정 지연을 최소화해야 한다.

서부선은 서부권 핵심 교통망으로 주민 기대가 큰 사업이다. 서울시는 손을 놓은 채 협상 결과만 기다릴 게 아니라 향후 일정과 추진 방향을 분명히 밝히고 책임 있는 대응체계를 마련해야 한다.

한편, 난곡선 도시철도 사업도 예타 과정에서 추가 요구가 생길 수 있는 만큼, 서울시가 선제적으로 대응하고 충분한 근거자료를 준비해야 한다.

추경예산 견인으로 막은 공사 중단 위기

• • •

나는 2025년 신림1공영차고지 추경예산 편성을 끌어내 서울 서남권 교통 허브와 도심 치수 안전을 겸비한 핵심 인프라 구축을 차질 없이 추진할 수 있도록 했다. 적극적인 예산반영 요청으로 공사 중단 위기에 놓인 신림1공영차고지 조성사업 부족 예산 42억 9,000만 원이 이번 2025년 제1차 추경안에 전액 편성되도록 한 것이다.

이번 사업은 관악구 신림동 일대 부지에 지상·지하 총 101대 규모의 공영버스 차고지와 지하 2층 저류조를 함께 조성하는 복합시설로, 서울 서남권 대중교통의 핵심 거점이자 도심 침수 예방을 위한 중추적 역할을 할 것이다.

그런데 공정률이 90%에 이르렀음에도 불구하고 치수 안전 관련 예산 13억 9,500만 원이 미편성돼 2025년 8월 말 이후 공사 중단이 불가피한 상황이었다. 공사 중단 시 약 9억 원의 추가 비용과 동절기 공백으로 준공이 지연될 수 있어, 이번 추경 편성은 시간과 예산 모두를 지키기 위한 불가피한 결정이었다.

나는 예산결산특별위원회에서 공사 중단 시 발생할 수 있는 추가 비용 부담과 시민 불편을 강조하며, 관련 부서의 예산 집행 필요성을 적극적으로 설득하고, 사업의 정책적 중요성과 시급성을 부각하여 추경예산 편성을 견인하였다.

교통 복지와 치수 안전을 동시에 실현하는 대표적 복합 기능 사업의 중단은 시민 삶의 질을 후퇴시키는 일이다. 지속 가능한 도시 기반을 위해서라도 이번 예산 편성은 꼭 필요했다.

서울특별시 장애인 콜택시 콜 거부 개선 활동

• • •

제298회 서울시의회 정례회 서울시설공단에 대한 행정사무 감사에서 지난해 행정사무 감사를 통해서 특정 이용자에 대한 승차 거부를 막기 위해 콜 거부 버튼을 삭제하기로 하고, 실제로 올 1월 말 완료했으나 퇴근 시간, 교통 정체, 승객 요구 도움 불가 등의 이유로 여전히 미운행 버튼을 콜 거부 수단으로 이용하고 있다면서 이러한 행태는 지난해 정규직화한 운전원에 대한 관리가 매우 부실한 결과라며 서울시설공단을 질타했다.

계속하여 내비게이션에 이용자 실명과 이용자 요청 사항을 표출하고 있는데 이러한 정보를 악용해서 운전원이 임의로 자동 배차 콜 거부를 하고 있다면서, 해당 정보를 표출하지 말고 자동 배차 시스템에 해당 사항을 반영하여 적합한 차량에 배차하여 운전원에 의한 임의 콜 거부가 발생하지 않도록 해야 하고, 미운행 버튼 삭제 등 관련 시스템을 근본적으로 개선해야 한다고 촉구했다.

2021년 서울시의회 행정사무 감사 우수의원 선정

• • •

나는 서울시의회 출입기자단이 주최한 2021년 서울시의회 행정사무 감사 우수의원 시상식에서 우수의원으로 선정됐다.

관악구의회 제6대, 제7대 의원을 거쳐 제10대 서울특별시의회 교통위원회 위원으로 활동해온 나는 2021년 제303회 본회의 교통위원회 행정사무 감사에서 서울시 도시교통실, 서울시 도시기반시설본부, 서울교통공사, 서울시설공단을 대상으로 소관 사무 행정에 대해 시정을 건의하고 주요 사업들의 예산 낭비 사례를 지적해 시민의 편익 향상을 도모한 공로를 인정받은 것이다.

이런 영예를 입은 나는 관악구민을 비롯한 서울 시민의 요구에 항상 무거운 책임감을 느끼고 있으며, 관악구민과 서울 시민의 삶의 질 향상을 위해 더욱 열심히, 발로 뛰는 의정활동에 매진할 각오다.

주민 생활 밀착형 조례 발의

• • •

나는 2018년부터 서울시의원으로 재직하는 동안 서울특별시 재난 사고조사위원회 구성 및 운영 조례안, 서울특별시 환경친화적 자동차의 개발 및 보급 촉진에 관한 조례 일부개정 조례안, 서울특별시 택시 기본 조례 일부개정 조례안, 서울특별시 교통약자의 이동 편의 증진에 관한 조례 일부개정 조례안, 서울특별시 재난 안전 산업 진흥에 관한 조례안, 서울특별시 도시 및 주거환경 정비 조례 일부개정 조례안, 서울특별시 보도상영업시설물 관리 등에 관한 조례 일부개정 조례안, 서울특별시 건설기술심의위원회 조례 일부개정 조례안, 서울특별시 지역건설산업 활성화에 관한 조례 일부개정 조례안, 서울특별시 물재생시설 설치 및 관리에 관한 조례 일부개정 조례안, 서울특별시 재난 예보·경보시스템 구축 및 운영에 관한 조례 일부개정 조례안, 서울특별시교육청 공공시설의 개방 및 사용에 관한 조례안, 서울특별시 공동주택 관리 조례 일부개정 조례안,

서울특별시 소방공무원 보건 안전 및 복지 조례 일부개정 조례안, 서울특별시 순직 소방공무원 장례 지원에 관한 조례 일부개정 조례안, 서울특별시 마을버스 재정지원 및 안전 운행기준 등에 관한 조례 일부개정 조례안, 서울특별시 마을버스 재정지원 및 안전 운행 기준 등에 관한 조례 일부개정 조례안, 서울특별시 환경친화적 자동차의 개발 및 보급 촉진에 관한 조례 일부개정 조례안, 서울특별시 시내버스 재정 지원 및 안전 운행 기준에 관한 조례 일부개정 조례안, 서울특별시 빈집 및 소규모주택 정비에 관한 조례 일부개정 조례안, 서울특별시 자치 경찰사무 및 자치경찰위원회의 조직 · 운영 등에 관한 조례 일부개정 조례안, 서울특별시 수어통역센터 운영 지원에 관한 조례 전부개정 조례안, 서울특별시교육청 공립학교 시설의 개방 및 이용에 관한 조례 일부개정 조례안, 서울특별시 점자 및 점자 문화 진흥에 관한 조례안, 서울특별시교육청 평생교육 활성화 조례 일부개정 조례안, 서울특별시 노인 건강증진 및 지원에 관한 조례 일부개정 조례안, 서울특별시 출산 및 양육지원에 관한 조례 일부개정 조례안, 서울 시민의 건강 증진을 위한 신체 활동 장려 사업 운영 및 지원 조례 일부개정 조례안, 서울특별시 양성평등 기본 조례 일부개정 조례안, 서울특별시 입양가정 지원에 관한 조례 일부개정 조례안, 서울특별시 소음 · 진동 관리에 관한 조례 일부개정 조례안, 서울특별시교육청 사교육비 부담 완화 지원 등에 관한 조례안, 서울특별시 자연환경보전과 생물다양성 보전 및 이용에 관한 조례 일부개정 조례안, 서울특별시 1인 창조기업 육성 및 지원에 관한 조례안, 서울특별시 국제개발협력기금의 설치 및 운용에 관한 조례 일부개정 조례안, 서울특별시 지역아동센터 지원에 관한 조례 일부개정 조례안, 서울특별시 임금체불 피해 노동자 지원 조례안, 서울특별시 공유재산 및 물품 관리 조례 일부개정 조례안 등의 발의를 비롯하여 누구보다 활발한 주민 생활 밀착형 의정 활동을 펼쳤다.

주거환경이 달라지는 실질적 정비사업

• • •

관악구 은천동 일대가 총 4,800여 세대 규모의 모아타운으로 확정되면서, 그동안 급경사지와 열악한 생활환경으로 불편을 겪어온 지역의 주거 여건이 본격적으로 개선될 전망이다. 이는 관악구의 구조적 주거 문제를 해결할 전환점으로 평가된다.

이번 모아타운 지정은 서울시가 2025년 12월 4일 열린 제19차 소규모주택정비 통합심의에서 사업계획을 최종 승인함에 따라 확정됐다. 해당 지역은 국사봉 자락의 경사지에 위치해 도로 폭이 좁고 보행·차량 이동이 원활하지 않아 정비 필요성이 계속 제기돼 왔으며, 주민들 사이에서도 오랜 숙원사업으로 꼽혔다.

이번 정비계획은 건축물 개선을 넘어 생활 인프라 전반을 함께 정비하는 데 초점이 맞춰졌다. 국회단지길은 12m에서 20m로 확장되어 왕복 4차로가 마련되고, 남북을 연결하는 순환형 내부 도로가 신설된다. 또 양측 보행로 총 6.5m 확보, 학교 주변 최소 2m 보도 설치 등을 통해 통행 여건과 보행 안전이 크게 개선될 전망이다. 주거정비의 본질은 주민의 일상을 개선하는 데 있다.

은천동 일대는 상도근린공원과 국사봉, 은천초·서울관광고 등이 인접한 교육·자연환경 중심 지역으로, 기반 시설 정비와 함께 쾌적한 생활권 구축이 가능할 것으로 기대된다. 서울시 또한 해당 지역이 자연 친화적 주거지로 재탄생할 잠재력이 크다고 평가했다.

그런데 정비 확정 이후 기대감과 함께 우려를 표하는 주민도 많다. 이주와 보상 등 후속 절차가 투명하고 순조롭게 추진되도록 계속 관리하며, 주민 의견이 충분히 반영되는 정비가 되도록 의정활동을 이어갈 것이다. 나아가 관악구의 균형 발전과 주거 수준 향상을 위한 실질적 변화를 만들어갈 것이다.

장애인 콜택시는 복지 아닌 권리

. . .

나는 2025년 11월 7일에 열린 서울시설공단 행정사무 감사에서 장애인 콜택시는 복지 차원이 아니라 시민의 이동권을 보장하는 권리임을 상기시키고 운영 체계에 대한 근본적 검토를 촉구했다.

서울시설공단의 장애인 콜택시 근무 체계 검증 연구 용역 결과, 출퇴근 시간대(07~09시, 15~17시) 대기시간이 계속 길게 나타났다. 그러므로 단순히 인력을 늘리는 방식으로는 해결이 어렵고 근무 형태의 유연화와 인센티브 제공 등 시간대별 수요에 대응하는 체계적 운영 전략이 필요하다고 지적한 것이다.

서울시 전체 장애인 콜택시 이용 등록 회원은 2만 7,000명에 차량은 661대로 집계되는데, 자치구 간 차량 보급률의 격차가 심각하다. 특히 등록 회원 수가 비슷한 관악구·도봉구·마포구를 비교하면 편차가 심하다. 관악구는 회원 1,168명에 차량 10대(보급률 0.9%)로 가장 낮은 수준인 데 비해, 도봉구는 1,127명에 차량 68대(6%), 마포구는 1,110명에 차량 79대(7.1%)가 배정되었다. 등록 회원 수는 비슷하지만, 차량 수는 최대 8배나 차이가 난다. 이는 행정의 형평성과 공공서비스의 균형성에 어긋나는 구조적 문제다. 또 관악구의 복지 인프라가 그만큼 취약하다는 방증이기도 하다.

또 서대문구 등 일부 자치구는 차고지가 거의 없는 반면, 마포·

용산 등은 대규모 공영주차장을 보유하고 있어 지역 간 이동 서비스 불균형이 심화하고 있다. 서울시·서울시설공단·자치구가 함께 참여하는 '차고지 균형 배분 협의체'를 구성해 지역 간 형평성 있는 운영체계 마련이 시급하다.

그리고 신대방역 인근의 서울시 공영주차장과 내년 이전이 예정된 신림3공영차고지의 활용 방안을 함께 검토해, 서남권역의 차량 재배치와 임시 차고지 확보 방안을 마련한 필요가 있다. 이러한 검토를 통해 장애인 콜택시의 출·퇴근 시간대 집중 수요를 완화하고, 자치구 간 이동서비스의 균형을 도모할 수 있을 것이다.

장애인 콜택시의 평균 대기시간이 2021년 32분에서 2023년 47분으로 증가했지만, 꾸준한 현장 점검과 조정으로 2025년 9월 현재 33분까지 단축됐다. 행정의 관심과 의지가 시민의 체감을 바꾼다. 장애인 콜택시는 복지가 아닌 권리이며, 서울시는 보다 균형 잡힌 행정으로 시민의 이동권을 보장해야 한다.

서울시의회 의정활동을 돌아보며

나는 제10대에 이은 제11대 서울시의회 의원의 임기를 9개월 남긴 2025년 9월에 관악구 관내 지역신문 3사가 공동 진행한 특별 인터뷰를 갖고 지난 서울시의회 의정활동을 돌아보고 남은 기간의 의정활동을 어떻게 마무리할 것인지를 밝혔다.

[문] 본인을 간략히 소개하고 시의원으로서 일과를 밝히신다면요?

▶ 안녕하십니까? 서울시의회 교통위원회 위원이자 관악구 제1선거구를 대표하는 시의원 송도호입니다. 저는 관악구의원 2회, 서울시의원 2회를 역임하며 오직 관악과 서울의 변화와 주민의 삶의 질 향상을 위해 한길을 걸어왔습니다. 서울시의회 회기 중에는 시정 전반에 대한 감시와 견제, 예산 · 조례 심의 등 본연의 역할에 충실하며, 비회기 중에는 지역 내 각종 행사와 민원 현장을 수시로 찾아다니며 주민과 소통하고 서울시와의 예산 조율에 주력했습니다. 제 의정활동의 중심에는 언제나 '현장' 과 '주민' 이 있습니다.

[문] 제11대 시의회에서 의원 발의한 대표적인 조례안을 소개하신다면요?

▶ 서울시 고령 운전자의 안전과 복지를 동시에 고려한 '서울특별시 고

령 운전자 교통사고 예방을 위한 지원 조례' 를 대표 발의해 제정하였습니다. 교통사고 예방이라는 공공의 이익과 고령층의 자발적 참여를 유도하는 선도적 정책으로, 사회적 안전망을 강화하는 동시에 고령 운전자에 대한 배려와 존중도 함께 담았습니다.

[문] 시정 질문 또는 5분 발언을 통해 시정에 반영한 성과가 있다면요?

▶ 서울시정에 실질적인 변화를 끌어낸 많은 발언이 있습니다. 먼저, 서부선 경전철 조기 착공을 촉구하는 시정 질문을 통해 서울시와 정부 간 이견 해소 및 예비타당성 면제 협의에 속도감 있게 추진되도록 했으며, 장애인 특수학교 설립 필요성을 제기해 정책적 공감대를 형성했습니다. 또 5분 자유발언을 통해 결혼식장 관련 제도 미비와 청년층의 결혼 비용 부담 문제를 지적하며, 공공예식장을 활용한 결혼문화 개선의 필요성을 서울시에 강하게 전달했습니다. 이에 따라 서울시는 신규 19개소를 포함한 총 25개소의 공공예식장을 시민에게 개방하고, 공간 대부분을 무료 또는 저렴한 비용으로 운영함으로써 예비부부의 부담을 실질적으로 낮추는 정책을 신속히 시행했습니다.

이처럼 제 의정활동은 현장의 문제를 제도 개선으로 연결하고, 실질적 정책 변화로 이어지도록 하는 데 방점을 두고 있습니다.

[문] 지난 3년 동안 가장 역점을 두고 추진했던 활동과 그 성과가 있다

면요?

▶ 가장 역점을 두고 추진한 분야는 관악의 수생태 환경 복원입니다. 대표적으로 도림천 복원 사업에 서울시 예산 215억 원을 추가 확보하여 전 구간 개통을 마무리했고, 도림천 통수단면 확장공사에도 12억 원을 반영하여 집중호우 대응력을 높였습니다.

또 봉천천 생태하천 복원 사업은 현재 서울시 투자심사를 준비 중으로, 본 사업이 통과되면 도림천과 연계한 수변 생태축 조성이 본격화될 것입니다. 이는 도시의 탄소 저감 · 치수 · 휴식 · 경관 기능을 통합적으로 끌어올리는 관악형 녹색도시 전환을 이끄는 동력이 될 것입니다.

[문] 시의원으로서 지역 주민의 숙원사업을 해결한 대표적인 사업이 있다면요?

▶ 오랜 기간 관악구 주민의 숙원이던 공영주차장 확충과 대중교통 편의성 강화를 중점적으로 해결해왔습니다. 은천동 상도근린공원 지하주차장 착공, 해태공원 지하주차장 설계비 3억 원 반영, 대학동 공영주차장 지정 등 실질적 성과 도출, 신림역 5 · 8번 출입구 에스컬레이터 설치, 관악로 지하보도 내부 시설 정비 및 캐노피 예산 확보 등도 추진했습니다. 또 수해로 침수된 가구에 대한 지원금 역시 100만 원에서 200만 원으로 상향 조정하여 주민의 위기 회복을 적극적으로 뒷받침했습니다.

[문] 관악구의 가장 시급한 현안은 무엇이라고 보는지요?

▶ 관악 발전의 뿌리를 다질 핵심 인프라로서 경전철 서부선 조기 착공
과 난곡선 예타 통과, 신봉터널 조기 완공을 최우선 과제로 꼽습니다.
여기에 더해 도심 속 생태 자산인 봉천천의 생태하천 복원 착공도 반드
시 착수되어야 할 과업입니다. 이 4가지 과제가 향후 관악의 교통망, 생
활환경, 지속가능성의 수준을 좌우할 것으로 판단합니다.

[문] 서울시와 기초 자치구 간 협력 과정에서 느낀 점이 있다면요?

▶ 서울시와 자치구 간 협력은 여전히 조율이 쉽지 않은 과제입니다. 자
치구는 주민의 실생활을 고려해 최대한 많은 예산을 선제적으로 확보
하고 싶어하지만, 서울시는 연 단위로 꼭 필요한 예산만 지원하고 이후
추경이나 차기 연도에 반영하는 구조입니다. 저는 예산의 실질 집행률
을 고려하면서도 현장의 절실함이 정책에 제대로 반영되도록 끊임없이
문제를 제기하고 설득하는 방식으로 조정자 역할을 해왔습니다. 예산
의 타이밍도 '정책' 입니다.

[문] 의정활동 중 가장 어려웠던 점과 이를 극복한 방법이 있다면요?

▶ 무엇보다 어려웠던 점은 사업의 타당성이 확보됐음에도 불구하고
예산이 제때 반영되지 않는 경우였습니다. 대표적으로 신림1공영차고
지 내 빗물저류조 예산이 본예산에서 제외되면서 준공이 무산될 위기

에 처한 바 있습니다. 이에 저는 예산결산특별위원으로서 기획조정실과의 실무적 조율과 긴밀한 협의를 통해 2025년 6월 추경에서 필요한 예산을 확보하여 사업을 정상으로 돌렸습니다. 명확한 논리와 주민의 간절함 그리고 실현 가능한 대안을 갖춘다면, 예산도 정책도 반드시 길을 찾을 수 있습니다.

[문] 남은 임기 중에 관악구를 위해서 꼭 하고 싶은 일이 있다면요?

▶ 저는 두 가지 사업에 반드시 마침표를 찍고 싶습니다. 하나는 서부선 경전철의 실질적 착공, 다른 하나는 봉천천 생태하천 복원 공사의 본격 착수입니다. 이 두 가지 사업은 단순한 건설을 넘어 관악의 도시 구조와 생태계, 교통 패러다임을 바꾸는 핵심 프로젝트입니다. 관악의 미래를 책임지는 사람으로서 반드시 이정표를 세우고 임기를 마무리하고 싶습니다.

더 크고 높은
정치를 위하여

미국의 독립선언서 기초자이자 제3대 대통령을 지낸
토머스 제퍼슨은 지인에게 보낸 편지에서 이렇게 말했다.
"자유라는 나무는 때때로 애국자와 독재자의 피를
마심으로써 원기 왕성해져야 한다.
이는 자유의 근본 속성이자 거름이기도 하다."
그는 1809년에 행한 연설에서 다음과 같이
좋은 정부론을 피력했다.
"사람들의 생명과 행복을 파괴하는 것이 아니라
그것들을 소중하게 여기는 것이 좋은 정부의
가장 중요하고 유일한 목적이다."

'정치의 시대'를 연 3김 시대

• • •

정치인이라고 해서 다 같은 정치인이 아니다. 뜻이 더 크고 품격
이 더 높은 정치를 하려면 정치인 자신이 그런 그릇이 되어야 한다.
끊임없는 성찰과 공부가 뒷받침되어야 가능한 일이다.

우리 현대 정치사를 보면 최초의 정치다운 정치 시대는 이른바 '3
김 시대'가 열었다. 이승만 정권 때는 폭력을 동원한 정적 제거가
일상이던 일인 독재의 우상화 시대로 사실상의 이승만 왕조시대였
다. 1960년 4·19혁명으로 정치가 복원된 지 불과 일 년 만에 군사
쿠데타가 일어나 민주 헌정이 붕괴하고 군사정권이 들어섰다. 박정
희 18년 일인 독재가 1979년 10·26사태로 끝나고 3김(김대중·김영
삼·김종필) 시대가 열려 정치가 복원되는가 싶더니 전두환 일당의
12·12군사쿠데타로 정치의 길은 다시 멀어졌다. 1980년 5월 17일
김대중·김종필의 구금, 김영삼의 가택연금으로 정치 복원의 여망
은 일장춘몽으로 막을 내리고 만다.

1987년 6·10항쟁으로 쟁취한 민주적 헌정질서 아래 3김이 각 당
의 당수로서 맞붙은 13대 총선부터 1990년 3당 합당까지 제2의 3김
시대가 열렸다. 마지막 3김 시대는 1995년 김종필이 민자당을 탈당
하여 자민련을 창당하면서 열렸다. 그리고 2004년 김종필의 정계
은퇴로 3김 시대는 마침내 막을 내렸다.

바로 이 3김 시대가 우리 현대사에 아로새긴 최초의 '정치의 시대'였다. 김종필이 정계를 은퇴한 2004년 이전까지는 3김 시대를 빼고 나면 정치의 시대는 없었다. 3김은 애증으로 얽히고 저마다 공과가 있지만, 3김이 정립(鼎立)했을 때는 그래도 정치가 살아있었다. 이들은 정치인을 넘어 정치가다운 면모가 있어, 길고 긴 독재의 터널을 지나온 우리 정치에 그나마 민주적 자양분을 제공한 공이 있다. 요즘에도 보기 드문 정치적 품격이 있었다. 서로 으르렁거리고 싸울 때조차도 최소한으로 지켜야 할 금도를 벗어나지 않았기 때문이다.

사람들은 흔히 김영삼을 '벼랑 끝의 승부사', 김대중을 '굴할 줄 모르는 집념의 인동초', 김종필을 '감성적 협상가'라고 평가한다. 물론 이들 3김은 우리 정치의 지역주의를 고착시킨 책임을 피할 수 없다는 비판을 받지만, 우리 현대 정치사와 민주주의 발전에 큰 발자취를 남긴 것만은 부인할 수 없다.

우울증 환자가 위대한 정치가가 되기까지

• • •

에이브러햄 링컨(1809~1865)은 미국 최고의 대통령이었을뿐만 아니라 국적을 떠나 민주주의 역사에서 위대한 정치가로 통한다. 일제의 한국 식민통치와 제국주의를 비판하여 일본의 양심적 지성으로 불리는 야나이하라 다다오(矢內原忠雄, 1893~1961)는 《내가 존경한 사람들》에서 링컨을 역사상 7대 성인(聖人)의 한 사람으로 꼽기까지 했다.

링컨은 정치가로서 뛰어난 역량과 훌륭한 인격을 지녔지만, 우울증이 평생 그를 괴롭혔다. 링컨이 어린 시절 오두막집에서 살며, 정규 학교는 1년을 못 다녔을 정도로 불우한 환경에서 자란 탓도 있지 않을까 싶지만, 연속된 불운과 실패로 인해 우울증을 앓았을 수밖에 없었다. 자살하지 않은 게 신기할 정도다.

링컨은 9세 어린 나이에 사랑하는 어머니를 잃고, 매정한 아버지 밑에서 힘든 소년기를 보냈다. 19세 때는 누나를 잃고, 22세 때는 첫 직장에서 쫓겨났으며, 23세 때는 친구와 동업을 하다 실패하여 빈털터리가 됐다. 26세 때는 사랑하던 여인이 전염병에 걸려 사망했으며, 32세 때는 한 여성과 결혼하려다 결국 포기하고 결혼식 당일 사라져버렸다. 그러나 이듬해 다시 그녀와 만나 결혼한 뒤 평생 사이가 원만치 못했다. 그는 특이한 외모와 촌스러운 행동으로 인해 동료들로부터 깡마른 꺽다리 촌놈이라거나 긴팔원숭이라는 모욕적인 별명으로 불리기도 했다.

그는 35세 때는 국회의원에 도전했다가 실패하고, 41세 때는 네 살 난 아들을 잃었다. 46세 때는 상원의원에 재도전했다가 낙선하고, 47세 때는 부통령 후보 경선에서 탈락했다. 49세 때 다시 상원의원에 도전했으나 실패했다. 슬하에 아들 넷을 두었는데 그중 셋을 어린 나이에 잃었다. 이러니 우울증에 걸리지 않는다면 그것이 더 이상할 정도였다.

그의 우울증은 청년 시절부터 나타났고, 절정은 52세 때 제16대 대통령으로 당선돼 남북전쟁을 치를 때였다. 한 번에 수만 명씩의 사상자가 발생하는 참혹한 상황에 직면한 그는 "하나님은 왜 나를 이런 자리에 놓아두셨냐"고 울부짖곤 했다.

그는 신앙과 신념 그리고 유머로 우울증을 이겨냈다. 그가 이 모든 것을 견디고 넘어서서 4년간의 남북전쟁을 승리로 끝내고 노예해방을 성취하게 된 순간에 하늘은 그의 생명을 거뒀다. 대통령에 재선된 지 얼마 안 되어 암살로 생을 마감한 것이다. 마지막 불운은 결국 죽음이어서 더 이상의 불운도 실패도 없게 되었다.

링컨의 유머는 유명하다. 그는 자신의 외모나 약점, 우울증을 숨기려 들지 않고 도리어 비꼬거나 희화화해 사람들을 웃기곤 했다. 유머를 통해 그는 고통을 이겨내고 정적들을 무력하게 만들고 지지자들을 확보해나갔다. 이런 그에게 우울증도 무력할 수밖에 없었다.

《링컨의 우울증》의 저자 조슈아 울프 솅크는 링컨이 우울증에 굴복당하지 않은 이유를 우울증에서 벗어나려 하기보다 불가피한 것으로 받아들이고 이를 승화시키려고 노력했기 때문이라고 설명한다.

오늘날 현대인은 우울증을 빨리 벗어나고 극복해야만 하는 질환으로 인식한다. 그러나 링컨은 우울증을 단칼에 없애버리려 하지 않고 함께 지내면서 고치고 극복하려고 했다.

링컨은 아버지, 아내 등 가족·친지에게서조차 숱한 상처를 입었다. 인간의 부정적 측면(나약함, 저열함, 탐욕, 이기심, 폭력성 등)을 지긋지긋할 정도로 겪었다. 그것이 그에게 큰 고통과 절망을 안겼지만, 한편으로는 그런 인간의 본성을 이해하고 그에 대한 관용을 갖게 되는 계기로 작용한 성싶다.

1861년, 흑인 노예를 물건으로 취급하던 미국에서 대통령에 당선된 링컨은 연차교서를 통해 노예해방을 천명했다.

"노예에게 자유를 허락함으로써 우리는 자유로워야 할 사람들에게 자유를 보장하는 것입니다. 그리하여 우리가 허락하는 것과 우리가 지키는 것이 똑같이 영광을 누릴 것입니다. 마지막으로 남은 최고의 희망을 훌륭하게 지키지 않으면 초라하게 잃고 말 것입니다."

이에 노예제 폐지를 반대하는 남부연합이 연방을 탈퇴하고 섬터 요새를 공격함으로써 남북전쟁이 일어났다. 연방군은 수세에 몰리다가 1863년 7월의 게티즈버그 전투의 승리를 기점으로 전세를 역전하여 전체 전선에서 남부군을 압박했다. 게티즈버그 전투에서 승리한 연방군의 희생 역시 컸다. 전사자 시신도 채 수습되지 않은 게티즈버그 전투 현장을 찾은 링컨 대통령이 남긴 짧은 연설은 이후 미국을 넘어 세계 민주주의의 이정표가 되었다. 우리에게도 널리 알려진 마지막 대목이다.

"이 나라는 새로운 자유의 탄생을 보게 될 것이며, 인민의, 인민에 의한, 인민을 위한 정부는 이 지상에서 결단코 사라지지 않게 할 것입니다."

링컨에 앞서 정치원로이자 명연설가로 이름 높은 에드워드 에버렛이 장장 두 시간에 걸친 장엄한 추도사를 낭독했다. 뒤이어 단상에 오른 링컨의 연설은 단 2분에 불과했다. 링컨의 연설은 160년이 지난 오늘날까지도 더욱 생생하게 살아 회자되지만, 에버렛의 연설은 있었는지조차 모를 정도로 잊혔다.

위대한 정치가가 대개 명연설가인 것은 허위와 가식의 장광설이 아니라 실천적 지성에서 우러나오는 진실한 말을 하기 때문이다.

위대한 정치가들의 촌철살인 명언

• • •

프로이센의 철혈재상으로 불리는 비스마르크는 "정치는 정확한 과학이 아니라 가능성의 예술"이라고 했다. 또 그는 "사람들이 대세를 만들 수는 없다. 그 대세를 타고 방향을 모색할 수 있을 뿐"이라는 통찰을 남겼다.

영국의 역사학자 테일러는 "문명은 보통 사람들의 문명화된 습관에 의하여 유지되어왔다. 현실에서는 보통 사람들이 통치자보다도 더 교양 넘치고 침착했다"는 말로 정치인들의 역할을 평가절하하고, 비스마르크를 비판하였다.

"그는 최고봉의 정치적 천재였지만, 건설적인 정치가가 되는 데 필요한 요소를 갖지 못했다. 그는 미래에 대한 신뢰가 없었다."

인간의 심리를 깊이 들여다본 통찰의 대가 관중(管仲, 중국 춘추시대 제나라의 재상)의 현대성은 그가 법치를 덕치 위에 놓은 점이다.

"창고가 가득 찬 뒤에야 예절을 알게 되고, 먹을 것과 입을 바가 넉넉해야 영예와 치욕을 안다"는 말로 도덕교화가 물질생활을 기초로 하고 있음을 설파한 그의 다음 말은 오늘날의 정치인들도 귀담아들을 만하다.

"성군(聖君)은 나라를 통치할 때 법(法)에 의존할 뿐 양식(良識)에 의존하는 일이 없다. 근거 있는 계수에 의존할 뿐 막연한 이론에 얽매이는 법이 없다. 공적 기준에 의존할 뿐 사사로운 사정에 의존하는 법이 없다. 당당한 태도에 의존할 뿐 임시변통의 책략에 의존하지 않는다. 그렇게 되면 백성들도 헛된 이름을 얻으려고 헛된 언변을 일삼지 않게 된다."

"정치인은 사람들이 자기 말을 믿으면 화들짝 놀란다"는 말로 정치인의 본색을 풍자한 프랑스 구국의 영웅 샤를 르 드골도 숱한 정치적 명언을 남겼다. 프랑스가 나치 독일에 항복한 직후 영국으로 피신한 그는 레지스탕스를 조직하여 저항을 계속하면서 "프랑스의 칼은 땅에 떨어져 조각이 났지만 나는 그 조각난 날들을 다시 들어 올린다"는 말로 결연한 의지를 보였다.

"프랑스는 전투에 졌다. 그러나 프랑스가 전쟁에 진 건 아니"라는 말은 더 유명하다. 그의 신념대로 패전국 프랑스는 1945년에는 전승국이 되어 독일을 점령했다. 정치를 냉소적으로 본 그는 크레망소의 말("전쟁이란 너무나 중요한 것이어서 군인에게만 맡겨놓을 수 없다")을 뒤집어 이렇게 말하기도 했다.

"정치란 정치인한테만 맡겨두기에는 너무나 심각한 문제다."

미국의 독립선언서 기초자이자 제3대 대통령을 지낸 토머스 제퍼슨은 지인에게 보낸 편지에서 이렇게 말했다.

"자유라는 나무는 때때로 애국자와 독재자의 피를 마심으로써 원기 왕성해져야 한다. 이는 자유의 근본 속성이자 거름이기도 하다."

그는 1809년에 행한 연설에서 다음과 같이 좋은 정부론을 피력했다.

"사람들의 생명과 행복을 파괴하는 것이 아니라 그것들을 소중하게 여기는 것이 좋은 정부의 가장 중요하고 유일한 목적이다."

제퍼슨이 기초한 미국 독립선언서의 다음 대목은 민주주의의 중요한 원리로 통한다.

"우리는 다음과 같은 진실들은 부정할 수 없는 신성한 것으로 간

주한다. 즉, 모든 인간은 평등하고 자유롭게 창조되었으며, 그런 평등한 창조로부터 누구도 빼앗을 수 없는 고유한 권리를 받았는데 생명의 보전과 자유, 그리고 행복을 추구할 권리가 거기에 속한다."

미국 독립선언서의 이 유명한 문장은 이후 세워진 국민국가의 헌법정신으로 자리 잡게 되었다. 대한민국 초대 대통령은 이승만은 '제퍼슨 민주주의자'로 자처했지만, 그의 실제 정치 행보는 그와는 정반대였다.

이승만은 '자유민주주의'의 이름으로 자유를 짓밟고 민주주의를 파괴한 한낱 '독부(獨夫)'였다. 그는 대통령 임기 내내 제헌 헌법 제10조의 "모든 국민은 인간으로서 존엄과 가치를 가지며, 행복을 추구할 권리를 가진다. 국가는 개인이 가지는 불가침의 기본적 인권을 확인하고 이를 보장할 의무를 진다"는 헌법정신을 철저하게 짓밟은 두 얼굴의 독재자였다.

"세상에서 가장 쉬운 일은 세금을 쓰는 것"이라는 말을 남긴 미국의 제30대 대통령 캘빈 쿨리지는 말이 없기로 유명했다. 그는 손님을 초대해 놓고도 말 한마디 없이 버티는 경우가 많았다. 오죽했으면 한 손님이 "그가 가구와 다른 점은 움직일 때였다"고 했을까.

그러나 쿨리지는 말을 전혀 하지 않은 사람이 아니라, 말을 아끼는 사람이었다. 그의 뛰어난 유머 감각만 보더라도 그가 말을 아끼는 지혜를 터득했음을 알 수 있다. 쿨리지는 말을 적게 하면 누릴 수 있는 혜택을 말한다.

"당신이 아무 말도 하지 않으면 같은 말을 되풀이해달라는 부탁을 받지 않아서 좋습니다."

대통령인 그와 마주 앉은 사람은 그가 너무 말을 하지 않아 불안해져서 쓸데없는 말을 하곤 했다. 한 방문객이 할 말이 없자 비가 내리는 창밖을 쳐다보면서 무심코 말했다.

"비가 언제나 그칠지 모르겠네요."

그러자 대통령이 드디어 입을 뗐다.

"걱정하지 말아요. 비는 항상 그치니까요."

한 동료가 쿨리지에게 말했다.

"오늘 토론했는데 상대방이 저 보고 '지옥에나 가라' 고 하지 뭐예요." 이에 쿨리지가 대꾸했다.

"그래요? 내가 우리 헌법과 의회 규칙을 다 읽어보았는데, 그럴 때 지옥에 가야 한다는 규정은 없으니 안심하세요."

쿨리지가 대통령이 되기 전에 얻은 전셋집은 월세가 28달러에 불과했다. 그는 거실에 이런 글을 써 붙여 놓았다.

"지혜로운 늙은 부엉이가 참나무에 앉아 있다. 그는 많이 보일수록 적게 말했다. 그는 적게 말할수록 많이 듣게 되었다. 왜 우리는 저 늙은 새처럼 될 수 없는가."

그러나 '많이 듣고 적게 말하는' 지혜는 누구나 머리로는 잘 알지만, 실천하기는 쉽지 않다. 어니스트 헤밍웨이도 그랬다.

"말을 배우는 데는 2년밖에 안 걸리지만, 침묵을 배우는 데는 평생이 걸린다."

고대 그리스 철학자 피타고라스가 그랬다.

"말을 하려거든 침묵보다 더 가치 있는 말을 하라."

위대한 정치가는 아마도 말을 아끼는 지혜를 실천하는 사람일 것이다.

마하트마 간디의 7가지 망국론

. . .

앞에서 언급한 어떤 정치가보다 뛰어난 정치가로서 성자의 반열에 오른 마하트마 간디도 숱한 정치 명언을 남겼다. 인도의 간디 기념박물관에 가면 이 시대에 꼭 새겨야 할 명언에 새겨 있다.

"언제나 방심(放心)하면 인간의 혼이 망가져 영혼이 썩어 버리고, 끝내는 나라가 망(亡)하게 된다는 7가지 경고의 글"이다.

1. 원칙 없는 정부는 망한다.
2. 노동 없이 취하는 부는 망한다.
3. 양심(養心) 없이 취하는 쾌락은 망한다.

4. 인격 없는 교육은 망한다.

5. 희생 없는 신앙은 망한다.

6. 도덕 없는 경제는 망한다.

7. 인간성 없는 과학은 망한다.

비전은 문제를 보는 관점에 따라 달라진다.
누구의 관점에서 정치를 볼 것인지에 따라
추구하는 방향과 목표가 달라진다.
즉, 비전이 달라진다.
서민의 관점에서 볼 것인지, 아니면
중산층의 관점에서 볼 것인지,
그것도 아니면 상류층의 관점에서 볼 것인지는
아리스토텔레스 이래 가장 오래된 정치 비전의 문제다.

나에게 정치는
무엇인가?

01

정치가 품은
의미

정치는 제도보다 실천이 더 중요한 인간 활동이다.
제도 변경 이전에 긴 실천적 모색과 조정이 있어야 하고,
그 결과로 제도 변화가 이루어져야
좋은 의미의 제도화가 가능하다.
기존 제도에서도 얼마든지 변화의 필요에 조율하여
부응할 수 있다.

정치 체제와 우리의 정치 현실

• • •

정치의 목적은 정부를 운영하고 통치를 주도하는 것에 있다. 정부나 통치를 뜻하는 영어 '거번먼트(government)'는 고대 그리스어의 '아름답고 안전한 항구로 배를 이끄는 것'에서 유래한다. 당시 사람들은 공동체를 배로 비유하고, 항해를 위한 기능과 역할 조율을 통치로 정의했다. 그런 통치에 필요한 지식 추구를 '에로스(Eros)'라고 했다. 어떻게 하면 좋은 통치가 가능한지를 탐구하는 일을 가장 가슴 뛰는 인간 활동으로 여긴 것이다.

현대적 의미에서 통치는 "인적·물적·재정적 자원의 재배치를 통해 사회 구성원을 국가로 통합해내는 정책적·제도적 행위의 총체"로 정의된다. 다양한 통치 체제 가운데 민주정은 특별하다. 선출직 시민 대표들이 입법과 예산 그리고 재정이 중심이 된 공공 정책을 기획하고 집행하는 일을 주도하기 때문이다. 민주정이라면 왕정의 세습 군주나 귀족정의 지배 계급을 대신하여 시민이 선출한 정치인이 법에 정해진 임기 동안에만 통치자의 역할을 한다.

정치와 정치인 그리고 정당의 권위

• • •

시민이 선출한 정치인이 정부를 운영하고 통치의 정당성을 구현하는 민주주의 체제라면, 권위를 통해 '동의에 의한 지배'를 추구한다. 권위는 민주정이 작동하는 핵심 요소로, '구성원의 순응을 이끄는 정당한 공적 명령 혹은 이를 수용하는 시민의 심리 상황'을 의미한다. 적법한 공적 명령을 시민이 자신의 것(author)으로 받아들이는 것에서 민주 정치의 권위(authority)가 발생한다. 만약 권위가 없다면 순응은 강제되고 적나라한 권력 행사, 즉 국가 폭력이 불가피해진다.

그렇다면 오늘날 우리 한국의 정치 체제에서 정부를 운영하고 통치를 이끄는 권위 있는 존재는 누굴까?

인적·물적 자원의 재배치를 누가 주도하는가를 기준으로 본다면, 선출직 정치인이나 국회 또는 정당이라고 보기는 어렵다. 통치 기획의 주체는 정당도 국회도 아니다. 정당은 선거 관리는 하지만, 통치하지는 못한다.

국회는 예산의 작성 및 통제권이 없다. 대통령제의 원형 국가인 미국조차 의회에서 예산안 처리가 무산되면 행정부는 일시적으로 '셧다운' 되는데, 우리는 그만한 권위가 국회에 없다. 정책과 예산의 기획은 국가 관료제가 한다. 기획 권한이 없는 국회의 국정 감사 기능은 사후적 측면이 강하다. 예결산이든 국정 감사든 그마저도

여야 합의가 안 될 때마다 국가 관료제의 권위는 더 강해진다. '과연 한국의 정체는 의회민주주의일까' 하는 의구심이 들 정도다.

민주주의와 정당의 책임정치

• • •

지금 우리 정치 현실은 정당이 국가 운영을 책임지는 정당 정부 (party government)와 거리가 멀다. 대통령은 집권당의 권위를 실현하는 정치인이기보다는 의회민주주의나 정당민주주의를 위협하는 존재일 때가 더 많다. 5년 내내 비서실을 앞세워 일하는 동안, 관료제의 권위만 키우고 시민사회를 극단적 지지와 반대 진영으로 분열시키는 것 말고 무슨 역할을 하는지 의문을 갖게 만든다. 정당과 국회의 권위가 약하면 민주주의는 뭘 해도 소모적 논란만 일으킬 뿐, 사회가 꼭 필요로 하는 실체적 변화를 만들기 어렵다.

현대 민주주의는 정당 책임정치의 원리에 따라 움직인다. 대통령도 정당 후보로 권력을 위임받는다. 국회 운영도 정당(교섭단체)들이 주도한다. 국회의장도 지원기관장도, 상임위도 사실상 정당들이 결정한다. 그렇지 않고 '개인'으로 대통령, 국회의장, 상임위원장, 국회의원이 된다면 그건 온전한 민주주의라고 할 수 없다. 기껏해야 엘리트 지배체제 또는 현대판 귀족정에 불과하다. 민주정을 지향한다면서 정당 없이 한다는 건 모순이다. 정당민주주의 없이는 의회

민주주의도 없다.

정치나 정치인이 권위가 없다는 건 그 정치인이 속한 정당이 권위가 없다는 의미다. 또 정당이 권위가 없다는 건 그 정당이 통치 집단으로서 안정된 비전이 없다는 의미다.

문제를 보는 관점에 따라 달라지는 정치 비전

• • •

비전은 문제를 보는 관점에 따라 달라진다. 누구의 관점에서 정치를 볼 것인지에 따라 추구하는 방향과 목표가 달라진다. 즉, 비전이 달라진다. 서민의 관점에서 볼 것인지, 아니면 중산층의 관점에서 볼 것인지, 그것도 아니면 상류층의 관점에서 볼 것인지는 아리스토텔레스 이래 가장 오래된 정치 비전의 문제다.

정치에서 비전은 통치 행위를 주도하는 행위집단이 지지를 얻기 위해 유권자에게 내놓는 공약(公約)으로, 미래에 대한 청사진이다. 그렇다면 지금 우리 정당들은 비전 집단일까. 정치인들은 그런 비전을 실현하기 위한 동기나 소명감에 이끌려 정치를 하고 있을까. 정당은 늘 위기를 겪고, 그때마다 비대위 구성을 반복하는데, 대체 무슨 비전을 추구하는 집단이라 할 수 있을까.

영국의 민주 정치를 발전시킨 벤저민 디즈레일리가 규정했듯이 정당은 정견을 조직하여 실행하는 역할을 해야 한다. 안정된 통치 비전으로서 정견이 없다면 실상은 정당이라 할 수 없다.

민주 정치의 작동 원리

• • •

민주 정치는 혈통과 세습의 원리 대신 선출과 동의의 원리로 작동한다. 힘없는 다수도 조직화의 방법으로 원초적 상황을 사후적으로 개선해 갈 기회가 있는 체제라야 민주정이다.

대부분의 나라에서 민주 정치로의 전환은 정당과 노동의 조직화 역할을 통해 이루어졌다. 한국의 민주화는 달랐다. 대학의 학생운동이 그 역할을 주도했다. 한국 사회의 중심은 이들 교육받은 도시 중산층이다. 이들은 권위주의 체제가 만들어냈고 민주화 이후에도 변함없이 영향력을 유지하는 최대 사회 집단이다.

한국 현대사의 최대 수혜자 집단이자 민주화의 주역이기도 하다는 점에서 묘한 지위를 갖는 집단이다. 한편으로는 개혁을 추동하는 진보 세력을 떠받치지만, 다른 한편으로는 개혁을 가로막는 보수 세력으로 기울어진다.

문제의 핵심은 제도보다는 정치력

• • •

정치는 제도보다 실천이 더 중요한 인간 활동이다. 제도 변경 이전에 긴 실천적 모색과 조정이 있어야 하고, 그 결과로 제도 변화가 이루어져야 좋은 의미의 제도화가 가능하다. 기존 제도에서도 얼마든지 변화의 필요에 조율하여 부응할 수 있다.

국정을 담당하는 정당이 바뀔 때마다 개혁이라는 명분을 내세워 자꾸 법과 제도를 바꾸려 드는데 그런다고 개혁이 되는 건 아니다. 법과 제도는 불가피한 경우가 아니면 자주 바꾸지 않아야 한다. 그래야 다양한 정치세력이 성장하여 건강한 정치 생태계를 만들 수 있도록 정치 공간을 넓힐 수 있다.

"법은 습관이 될 때 가치가 있으며, 법을 자주 바꾸면 법에 대한 존중은 파괴된다"는 아리스토텔레스의 경고를 귀담아들어야 한다.

가령, 입법이 남발되거나 법의 지배(rule of law), 즉 법치주의가 아니라 법에 의한 지배(rule by law), 즉 법률주의가 심화하면 민주주의가 필요로 하는 신뢰와 협동의 가치는 살아남을 수 없다. 입법이 늘면 이를 운용하는 관료제의 예산과 인원, 권한이 확대된다는 역설을 고려해야 한다. 법을 바꿔 영향력을 추구하는 게임이 구조화되면 법 전문가들과 그들의 전문성을 구매할 수 있는 사회적 강자들이 승자가 된다.

민주주의의 문제는 법과 제도가 부족해서 생기는 부분보다는 법과 제도 그리고 정책과 조치를 운용하는 정치의 힘이 약해서 생기는 부분이 더 크다. 문제의 핵심은 제도가 아니라 그 제도를 운용하는 정치력이다.

늘어나는 법 개정과 그에 따라 또 늘어나는 새로운 시행령과 규칙의 체계 속에서 대민 업무 담당자가 정책 수요자를 도울 자율의 공간은 점점 좁아진다. 복잡해지는 법체계와 엄격한 시행 규칙 때문에 일부 민원인을 화내고 소리 지르는 한편, 정작 도움이 필요한 민원인은 정부나 지자체, 공공 정책에 대한 기대를 버리게 만드는 지금의 대민 행정 방식은 법체계의 정비 없이 법의 부분 개정과 그에 따른 시행 조치의 과잉에서 비롯되는 바 크다.

정치는 언어의 예술

• • •

정치는 말로 하는 인간 행위다. 정치의 언어가 가치 있을 때 변화가 시작된다. 그것이 바로 정치다. 말이 사나우면 정치는 사회를 분열시키는 흉기가 되고, 사회는 함께 사는 공동체가 아니라 막말과 욕설이 난무하는 싸움터가 된다.

정치는 먼저 말로써 논의와 타협의 가능성을 여는 데서 시작된다.

지난날 김대중 전 대통령이든 김영삼 전 대통령이든, 노무현 전 대통령이든 우리가 잘 아는 정치가들은 말 말고 달리 가진 것이 없었다. 그들은 말로 뜻을 모으고, 말로 사람을 모으고, 말로 조직을 만들었다. 하지만 이젠 그런 변화를 보기 어렵다. 지금 자기 말을 하는 정치인이 얼마나 있을까. 말로 비전을 세우고 의제를 제시하여 정치의 힘을 보여주는 정치인은 몇이나 될까.

윤석열 전 대통령이 분명하게 보여주었듯이, 정치가 실종되면 민주주의는 허울만 남는다. 윤석열처럼 절대로 정치를 해서는 안 되는 사람들이 대통령이 되고, 정치를 망치는 언행으로 위세를 부리는 사람들이 국정의 중요한 자리를 차지하는 잘못된 민주주의, 문제의 본질은 바로 여기에 있다.

02

내가 생각하는
정치와 정치인

왜 우리의 정치는 국민의 행복지수를 높이기는커녕
깎아 먹고 있는 걸까?
흔한 말로 정치가 국민을 걱정해야 하는데,
오히려 국민이 정치를 걱정하게 생겼으니 그런 것이다.
정치가 시대에 맞지 않는 낡은 옷을 입은 채
정치인 자격이 없는 사람들이 대거 정치의 자리를
차지하게 만들어 스스로 망가지면서
자기 존재 이유를 상실한 탓이다.

나는 어떤 정치인인가?

• • •

나는 지난 16년간 의정활동을 하면서, 또 정치와 사회 그리고 의회민주주의를 공부하는 가운데 '나는 어떤 정치를 추구하는가, 내가 생각하는 정치는 무엇인가, 나는 어떤 정치인이 되고자 하는가, 지금 나는 어떤 정치인인가' 하는 질문을 붙들고 고민하고 사유하고 성찰했다.

그런 가운데 우리 역사에서 내가 본보기로 삼을 정치인은 없는지 살폈다. 나는 우리 역사 인물 가운데 세종대왕이나 정조대왕을 가장 존경하고 닮고 싶지만, 왕이 아닌 학자 선비 가운데 찾다 보니 눈에 들어온 인물이 연암 박지원(1737~1805)이다.

연암 박지원의 생명 정치

• • •

박지원은 1791년(정조 15) 섣달 하순에 54세 나이로 안의(경남 함양군 안의면) 현감에 제수된다. 연암은 노론 명문가 반남 박씨 자손이지만 어려서부터 벼슬에 별 뜻이 없었다. 집안 어른들의 기대와 성화에 젊어서 몇 차례 과거에 응시할 때도 일부러 백지를 제출하여 애써 급제를 피했다. 학문 연구와 저술에 몰두하며 세월을 보내다가 쉰

이 넘어 정조의 부름을 받고 문음(文蔭)으로 벼슬길에 나선 그는 한성부 판관, 안의 현감, 면천 군수, 양양 부사 등을 지냈다. 안의에서는 1792년부터 4년 2개월간 살았다.

지역의 사법·행정권을 틀어쥔 수령이 관속을 종처럼 부리고 이리저리 재물을 긁어모아 한밑천 마련하는 게 관행으로 여겨지던 시대지만, 연암은 정반대로 행했다. 곡식 대장과 창고의 포대 수를 비교해 부임 이전 관리들이 횡령한 재물을 국고로 환수하고, 관사를 정비해 농기계를 제작해 널리 보급했다. 흉년이 들면 사재를 내어 백성을 구휼했다. 이때 연암은 포흠(逋欠)을 들어 아전들을 호령하여 관아를 백성을 착취하는 본거지에서 백성을 돌보고 구휼하는 본거지로 탈바꿈시켰다.

"포흠이 무엇이냐? 백성의 구제를 위해 비축한 관의 재물을 사사로이 축내거나 빼돌리는 짓 아닌가. 곧 횡령이다. 이는 중대한 범죄다. 너희가 작당하여 모르쇠로 일관한들 범죄를 숨길 수 없으며, 설령 숨기더라도 잠시 감추는 데 불과하다."

벼슬은 한낱 작은 고을의 현감에 불과했지만, 연암의 포부와 기개와 뜻은 일국의 재상을 덮고도 남았다. 그런데도 그는 불평 한마디 없이 작은 고을의 백성을 돌보고 물산을 일으키며 폐습을 타파하는 데 최선을 다했다. 이때 농업 기술 개선을 위한 농서 《과농소초》를 저술하여 올리기도 했다. 그가 임기를 마치고 떠나려 하자 고을 사람들이 그의 옷깃을 붙들고 가지 말라며 울었다. 그 덕분에 이제 겨우 사람으로 살 만하게 되었는데 그가 떠나면 다시 탐관오리가 부임하여 그전의 비참한 삶으로 돌아갈 것이 두려웠기 때문이다.

연암의 정치는 관의 부패 비판, 실질적 개혁 추구, 이용후생을 통한 민생 중심의 생명 정치로 요약된다. 그는 양반의 허례허식과 무능을 풍자한 작품(《양반전》, 《호질》 등)을 통해 현실 정치를 비판하고, 관장(수령)의 역할과 책임을 강조하며, 실질적인 민생 안정을 위한 기술 · 상업 · 농업 발전을 도모하는 이용후생을 실천하고자 했다. 이는 그저 책상물림의 관념적 개혁이 아니라 민생에 실제로 도움을 주는 생명 정치로 구현되었다.

조선 실학의 거두로서 실학적 개혁을 추구한 연암은 청국의 새로운 문물과 제도를 견문하며 그 발전된 모델을 바탕으로 조선의 새로운 길을 모색했다. 그 새로운 길이 바로 실학에 근거를 둔 이용후생의 정치였다.

정치가 바뀌어야 제도가 산다

• • •

무엇이 현실을 바꾸고 난제를 타개할 것인가? 정치가 답이라는 것은 다 알고 있지만, 왜 실현되지 못하고 있는가? 신군부 정권에 맞서 최소한의 절차적 민주주의를 쟁취한 헌법 체제가 1987년 개정 헌법, 즉 87 체제다. 미봉책의 과도적 체제인 데다가 모든 것이 급변하는 현대 사회에서 35년이나 지난 낡은 체제다. 사회 모든 분야가 3년이 멀다 하고 급변하는 가운데 정치만 30년이 훌쩍 넘도록 낡은 외투를 걸치고 있으니, 그 정치로 무엇을 바꾸고 날로 복잡해지는 문제를 어떻게 해결할 수 있을 것인가.

특히 정당 체계는 일인 보스 중심의 구조를 여전히 벗어나지 못하는 구태를 입고 있다. 그때는 권위주의적 군사정권에 맞서 싸워야 해서 보스를 중심으로 일사불란한 대오를 유지하는 강력한 야당이 필요했다는 명분이라도 있지만, 지금은 어떤가? 그런 과정에서 굳어버린 기득권을 포기하지 못해 시대적 변화의 요구를 어영부영 뭉개온 것이 아닌가. 이 지점에서는 거대 양당의 이해가 맞아떨어져 국민의 변화 요구가 분출하고 있는데도 본격적인 논의조차 한번 해보지 못하고 이런저런 핑계를 대며 시간 끌기로 일관해온 것이 아닌가 말이다.

미국 의회가 로비스트들의 놀이터 같지만, 그것은 일면만 부각한 편견이다. 미국 의회는 의원들 사이에 우리처럼 보스나 졸개의 개념이 작동하지 않는다.

지금 우리 정치를 보면, 가까운 과거의 여당인 국민의힘은 윤석열 대통령이 당정 분리의 원칙을 가볍게 무시한 채 실질적인 일인 보스를 자처한 가운데, 그 보스의 뜻을 충실히 받들어 기꺼이 바지 사장이 되겠다는 의원이 대표로 선출되더니, 대통령직에서 파면당한 윤석열이 내란 혐의로 구속된 후에도 '윤어게인'을 외치는 세력을 업은 인사가 대표로 선출되었다. 민주당은 그나마 민주주의의 가치를 존중하고 실현하려는 대통령을 배출하면서 진일보한 정당의 면모를 갖춰가고 있긴 하지만, 아직 갈 길이 멀다.

미국 의회의 의원은 각자가 책임 있는 헌법기관으로 민의를 받들어온 전통과 자부심이 쌓여 특정 일인 보스의 등장을 좌시하지도 않을뿐더러 혹 영향력이 큰 거물 정치인이 보스 노릇을 하려고 해도 그에 쉽게 휘둘리지 않는다.

가령, 정치에 문외한인 트럼프가 공화당 후보로 나와 대통령이 되었지만, 그가 미국의 이익이나 기존의 정치 시스템을 벗어나서 자기 마음대로 할 수 있는 일은 거의 없었다. 더구나 평생을 정치인으로 살아온 노회한 바이든조차 대통령이 된 이후 정책 하나를 시행하려 해도 의회와 끊임없이 접촉을 유지하면서 설득하고 또 설득해야 한다. 야당인 공화당은 물론이고 여당인 민주당도 크게 다르지 않다. 당론이라는 것이 없으니, 하원이든 상원이든 여야 원내대표가 어떤 정책에 합의할 수도 없지만 혹 그런다고 해서 끝나는 것이 아니다. 판단과 선택의 열쇠는 개별 의원들 각자가 쥐고 있다. 민의를 대변하라고 국민이 위임한 이 권한은 아무도 간섭하거나 건드리지 못한다. 만약 그런 일이 생긴다면 그것은 민주주의를 파괴하는 중대한 범죄가 된다. 이것이 바로 의회민주주의 면모다.

그러고 보면 우리나 일본의 정치는 아직 의회 민주주의의 걸음마도 떼지 못한 상태다. 의회에서 의회 민주주의가 실현되면 정당 민주주의는 저절로 이루어질 것이다.

국민을 행복하게 하는 정치

• • •

미국의 시사주간지 USNWR(US News & World Report)는 해마다 세계 주요 86개국에 세부 기준을 적용하여 순위를 매기는데, '강력한 나라' 또는 '좋은 나라' 같은 항목이 기준으로 설정된다.

가령, 강력한 나라는 다른 나라에 얼마나 크게 영향을 미치며 얼마나 신뢰받는 나라인가를 말한다. 2022년, 이 기준에서 한국은 8위의 일본을 제치고 '강력한 나라' 6위에 올랐다. 미국, 중국, 러시아, 독일, 영국 다음이다.

그러나 아직 좋아하기는 이르다. 얼마나 좋은 나라, 즉 국민이 행복한 나라 기준에서는 20위에 머물렀다. 공산당 일당 독재 국가인 중국(17위)만도 못하다. 왜 그럴까?

바로 국민을 열받게 만드는 후진적인 정치 때문이다. 이 리포트가 주목하는 것도 정치인데, 국민 행복지수에 가장 큰 영향을 미치는 것이 그 나라의 정치라는 사실이다. 스위스, 영국, 미국, 스웨덴 등 국민 행복지수가 높은 10개국의 공통점은 하나, 즉 의회 민주주의가 제대로 작동하여 원활하게 돌아간다는 것이다. 민의를 제대로 수렴하는 민주적 정치체제가 제대로 작동하고 있다는 사실이다. 이 리포트의 국민 행복지수에 따르면, 우리나라 민주주의의 정치 현실은 공산당 일당 독재보다 못하다는 얘기가 된다.

그렇다면 왜 우리의 정치는 국민의 행복지수를 높이기는커녕 깎아 먹고 있는 걸까? 흔한 말로 정치가 국민을 걱정해야 하는데, 오히려 국민이 정치를 걱정하게 생겼으니 그런 것이다. 정치가 시대에 맞지 않는 낡은 옷을 입은 채 정치인 자격이 없는 사람들이 대거 정치의 자리를 차지하게 만들어 스스로 망가지면서 자기 존재 이유를 상실한 탓이다.

흔히 우리 정치의 고질적 문제를 들라 하면 '제왕적 대통령제' 운운하는데 보수 언론이 프레임을 짠 선입견에 따른 막연한 추론일 뿐이다. 대통령제 자체가 제왕적일 리는 없다. 엄격한 삼권분립 및 의회 민주주의와 정당 민주주의가 뿌리를 내리지 못한 탓에 대통령의 법적 권한을 벗어난 영향력 행사를 견제하지 못해서 일어난 일이지 대통령제 자체에 문제가 있는 것이 아니다. 그렇지 않다면 미국 역시 대통령제 정치체제인데 '제왕적'이라는 말이 나오지 않는 것은 왜 그런가?

우리나라의 정체 체제는 대통령제라지만, 완전한 대통령제가 아니라 어정쩡한 대통령제여서 오히려 대통령의 영향력을 법적 권한 내에서 제한하기가 더 어려운 구조다. 대통령제의 탈을 쓰고 의회와 정당의 운영은 내각제에 가깝기 때문이다. 국회의원이 각료를 겸할 수 있는 것도 내각제 요소다. 국방, 외교, 행정 등 국정의 주요 권한이 대통령에게 몰린 대통령제에서는 입법부의 강력한 견제력이 필요하므로 국회의원이 각료, 즉 행정부의 장을 겸한다는 것은 삼권분립을 심각하게 훼손하는 모순이다.

우리 정치의 문제는 정치 체제나 정당의 문제도 크지만, 국회의원의 자질 부족 문제는 심각한 수준이다. 물론 능력이나 품성보다는 충성도에 따라 공천이 좌우되는 정당 구조의 문제가 바탕이긴 하지만, 하나 더 빼놓을 수 없는 문제는 유권자의 정치의식이다. 국회의원으로서 자질이나 정책 성향이야 어떻든 특정 지역에서는 특정 당 소속 후보에게만 표를 몰아주는 역사가 되풀이되다 보니, '텃밭'이니 '험지니' 하는 말이 자연스럽게 오간다. 그래서 급기야는 '특정 지역에서는 특정 당 깃발만 달면 막대기를 꽂아도 당선된다'는 말이 나올 정도다. 그러니 많은 지역구가 당의 공천이 바로 당선이나 마찬가지이므로 보스에 대한 충성 경쟁으로 공천에 목을 매는 것이다.

그러니 당정 분리가 분명하게 요구되는 현대의 정당을 기반으로 삼은 의회정치에서 행정부의 수장인 대통령이 법적 공천권을 가진 당 대표를 자기 사람으로 앉히려고 노골적으로 전당대회에 개입하는 일이 벌어진다. 불과 얼마 전, 대통령 윤석열이 파면당하기 전에 그랬다. 염라대왕보다 무섭다는 '공천권'을 손에 쥐고 당을 완전히 장악하려는 속셈이다.

유권자의 한 표가 정치를 바꾼다

● ● ●

우리 사회의 문제를 정치만이 바꿀 수 있다는 데는 우리 유권자들도 대체로 동의하는 바이다. 그리고 투표를 통해 그런 정치를 바꿀 수 있다는 데 유권자 10명 가운데 7명 이상이 동의했다.

"투표를 통해 우리나라 정치를 바꿀 수 있다고 생각하는가?"

이 질문을 두고 '바꿀 수 있다'고 대답한 유권자가 2015년 재 보궐 선거를 앞두고 실시한 설문조사에서는 52%, 2017년 대통령 선거를 앞두고 실시한 설문조사에서는 68%, 2022년 대통령 선거를 앞두고 실시한 설문조사에서는 74%로 투표에 대한 효능감이 점점 더 높아져 왔다. 투표를 통한 정치 변화 가능성에 대해 갈수록 더 많은 유권자가 긍정한 것이다.

2022년의 경우, 지지 정당별로 보면 더불어민주당 지지층의 75%,

국민의힘 지지층의 82%가 투표로 정치를 바꿀 수 있다고 대답해 정의당·국민의당 지지층(69%)이나 무당층(57%)보다 투표에 대해 높은 효능감을 보였다.

게다가 '평소에 대화 자리에서 자신의 정치적 견해를 밝히는 편'이라고 대답한 유권자도 점차 늘어나는 추세여서 우리 정치 변화를 위해서는 긍정적인 신호로 읽힌다.

그러나 유권자들이 이런 인식과는 달리 정치인들은 아직 우리 사회를 정치로 바꾸고 정치적으로 책임질 자세를 갖추지 않은 것 같다. 대통령이 해외에 나가서 외교 참사를 일으켜 국익을 심대하게 손상하고도 사과는커녕 해괴한 변명이나 일삼으면서 그 잘못을 지적하는 언론이나 야당에 적반하장으로 책임을 돌리는 일이 되풀이되고 있다. 어디 그뿐인가.

지난해 10월 29일에 일어난 이태원 참사를 두고도 '저게 어디 정부인가' 싶을 정도로 한심한 언사와 작태를 보였다. 참사 다음날, 이상민 행정안전부 장관은 귀를 의심하게 하는 말을 국민 앞에 태연히 지껄였다.

"경찰이나 소방 인력을 미리 배치함으로써 해결될 수 있었던 문제는 아니었던 것으로 지금 파악을 하고 있고요."

사실관계 자체도 틀렸지만, 설령 사실관계가 맞다 해도 관계 부처의 최고책임자가 할 말은 아니다. 이 참사는 엄연히 국가의 실패이자 치안의 실패이다. 실패에 대해 사과하고 실패의 원인, 즉 진상을 철저하게 규명할 것을 약속하는 것이 먼저여야 했다.

그런데 300여 명의 사상자를 낸 대형 참사를 두고 책임에서 가장 가까운 정치인인 관계 장관의 첫마디가 자기 책임 회피 발언이라니, 우리의 국가와 정치 수준이 어쩌다 이리 나락으로 떨어지고 말았을까?

이후로도 정부와 여당은 책임을 묻는 국민의 질문에 '경찰 수사 이후'라는 말만 앵무새처럼 되풀이했다. 법적 책임이 없으면 아무 책임도 지지 않겠다는 대답이나 마찬가지다. 이런 경우 법적 책임, 즉 범죄로 인정되는 행위의 범위는 극히 제한적이다. '경찰 수사'라지만, 경찰은 범죄로 의심되는 행위에 대해서만 수사할 수 있을 뿐 구조의 결함이나 인식의 부재, 즉 정치적 책임 여부는 조사할 수도 판단할 수도 없다.

누가 조사를 받았는지, 대통령이 누구에게 어떻게 격노했는지, 누구에게 영장이 발부되었는지 하는 따위의 시시콜콜한 뉴스로 몇 달이 흐르면서 만만한 일선 기관장에 대한 조사와 처벌만 남고 정작 책임져야 할 수뇌들에 대한 조사와 책임 추궁은 자연스럽게 사라졌다. 대통령부터 이런 상황을 만들고 거들었지만, 당사자들은 더 뻔뻔스럽다. 이상민 장관의 책임 회피에 이어 윤희근 경찰청장도 '수사 결과에 따라 그에 상응하는 처신을 하겠다'고 발뺌하고, 박희영

용산구청장도 '수사와 재판 결과에 따라 책임질 부분이 있다면 책임지겠다'며 발뺌했다. 국가의 실패로 인한 대형 참사가 터졌는데도 대통령부터 장관에 이어 구청장까지 아무도 책임지기는커녕 사과조차 하지 않았다. 이에 대해 사회학자 임재성의 일갈이 가슴에 와 닿는다.

"우리 현실의 근본 문제를 해결하는 데 도움이 되는 것은 법적 책임이 아니라 정치적 책임을 따지고 묻는 일이다."

그렇다. 법이 할 수 없는 일이 있고, 그 할 수 없는 일이 더 중요하다. 하지만 우리 현실은 정치가 사법화되면서 정치가 해야 할 일도 법에 맡겨온 나머지 정치가 없어지고 법정만 남게 되었다. 그래서 정작 중요한 문제를 해결하지 못하게 되고 만 것이다.

03

민주주의는
저절로 오지 않는다

변화에는 어떤 변화가 되었든
익숙한 것을 저버리고 기득권을 깨는 것이므로
저항이 따르고 시행착오가 있게 마련이다.
더구나 정치의 변화는 권력의 내용과 작동 체계를
바꾸는 것이므로 더 강력하고 복잡한 이해관계를
관통해야 하는 어려움이 따른다.
당연히 긴 시간이 필요한 일이고,
그 변화가 더 오래가도록 제대로 변화할수록
그만큼 더 긴 시간이 필요하다.

아직 갈 길이 먼 우리의 민주주의

· · ·

인류 역사에서 민주주의의 전통은 다른 정치 체제에 비하면 역사가 그리 길지 않다. 고대 그리스 아테네의 민주정을 들어 그 연원이 유구하다고 주장할 수도 있겠지만, 노예와 여성을 제외한 '남자 시민' 만이 참여할 수 있는 한정된 체제로 근대에 태동한 보편적 민주주의와는 거리가 있다. 더구나 아테네 민주정은 소규모 도시국가 단위의 직접 민주정으로, 오늘날 대규모 국가 단위의 대의제 민주정과는 그 과정의 복잡성과 문제의 다양성에서 비교할 바가 아니다.

그나마 서구 근대 민주주의 전통은 그 시작을 미국의 독립과 프랑스 혁명으로 상정하면 150년에 이르지만, 우리의 경우는 서구의 근대화 시기까지 지속한 폐쇄적 봉건 체제에 뒤이은 서구 열강의 침탈과 일제 강점으로 근대화의 과정이 생략됨으로써 실질적인 민주주의 전통은 길게 잡아도 해방 후 70여 년에 불과하다.

그런데도 우리의 민주의의는 세계사적으로 유례가 없을 만큼 짧은 기간에 비약적인 성취를 이루었다. 적어도 헌법상의 절차적 민주주의는 아시아를 넘어 서구 선진국의 민주주의에 비견될 만큼 높은 수준에 이르렀다고 할 수 있다.

그러나 그 절차를 채우는 구체적인 내용과 수준은 아직 갈 길이 멀다. 하지만 민주주의의 성격이나 역사로 볼 때 민주주의의 실질을 채우는 일에는 비범한 인내와 긴 시간이 필요하다. 알다시피 서구가 민주주의 선진국이라도 처음부터 민주주의를 손쉽게 뿌리내려 제대로 실행한 나라는 없다. 민주주의 정체의 작동 이전에 그것을 이해하고 토대를 만드는 데만도 긴 시간이 필요하다. 하물며 그 체제를 운용하고 그에 적응하는 데 걸리는 시간이야 말할 것도 없다.

게다가 민주주의 정치 전통이 튼튼하게 뿌리를 내리기도 전에 우리의 의식을 갉아먹고 있는 정치에 대한 불신과 회피 그리고 혐오 문제를 불식해야 할 시간까지 필요해졌다. 이 문제를 풀지 않고서는 실질적인 민주주의는 한 걸음도 더 앞으로 나가기 어렵다.

'정치가 밥 먹여주냐'는 반문부터 시작해 '정치는 더러운 것'이라는 부정적 인식과 '정치하는 놈들은 다 똑같다'는 악의적인 일반화까지 광범위하게 퍼져 정치에 대한 무관심을 부추기고 있는 현실, 즉 보통 시민의 삶과 동떨어져 있는 정치와 민주주의에 대한 의식은 오늘날 우리가 안고 있는 정치 현실이다.

어쩌다 이렇게 된 걸까. 무엇보다 정치를 혐오하게 만든 정치인의 행태와 또 그 혐오를 부추겨온 정치인의 말에 가장 큰 책임이 있다. 그리고 정치와 민주주의로부터 멀어진 일상에서 사람들은 오히려 그에 대한 성급한 기대와 실망의 악순환을 경험하면서 끝내 기대를 접는 방식을 무관심과 혐오로 표출한 데서 비롯한 것이다.

변화에는 어떤 변화가 되었든 익숙한 것을 저버리고 기득권을 깨는 것이므로 저항이 따르고 시행착오가 있게 마련이다. 더구나 정치의 변화는 권력의 내용과 작동 체계를 바꾸는 것이므로 더 강력하고 복잡한 이해관계를 관통해야 하는 어려움이 따른다. 당연히 긴 시간이 필요한 일이고, 그 변화가 더 오래가도록 제대로 변화할수록 그만큼 더 긴 시간이 필요하다.

민주주의 정치 체제는 '시민의 자발적 지지로 구성된 정부가 시민의 자발적 동의로 수립된 법에 따라 부여된 권한을 사용하여 정치 공동체의 생존과 안녕을 위해 복무하는 정치체제'라고 할 수 있다. 시민으로부터 승인받은 강제력을 통해 국가를 운영하는 것이다.

그렇다면 그런 강제력조차 없는 체제, 즉 모든 개인이 자유롭고 평등하며 외부로부터의 그 어떤 억압도 없는 자연 상태라면 평화로운 인간 삶은 실현될 수 있을까. 이런 세상을 꿈꾼 아나키즘이 19세기 말에서 20세기 초의 한 시절을 풍미했다. 아나키즘은 자본주의에 대한 반발에서 일어난 만큼 평등을 중시하는 한편으로 국가와 권력에 반대하여 자유를 추구한다는 점에서 공산주의와도 대립하며, 새로운 대안을 공동체 자치에서 찾았다.

그러나 작은 마을 단위의 원시 공동체가 아닌 이상 자연 상태에서 평화로운 인간 삶을 실현하기는 거의 불가능하다. 오늘날처럼 대규모 사회를 이루어 사는 순간 좋은 질서를 만드는 문제는 우리 인간의 숙명이다. 누군가가 땀 흘린 노동의 결과를 힘이나 속임수로 빼앗으려는 인간이 승자가 되는 것을 막으려면, 시민이 승인하고 시민 모두에게 구속력을 가진 공권력이 있어야 한다. 법과 규칙을 정하고 이를 운영하고 집행하는 정부가 있어야 한다는 말이다.

선량한 사회 구성원을 흔히 '법 없이 살 수 있는 사람'이라고 하지만, 법 없는 사회는 유지되기 어렵다. 모두에게 공평하게 적용되는 법이 제대로 작동해야 법 없이 살 수 있는 사람도 안전해지고 많아진다. 자유롭고 평화로운 인간 삶이 계속되려면 좋은 정치, 좋은 정부를 위한 끝없는 노력이 필요하다. 그런 좋은 정치, 좋은 정부의 전통을 잇는 민주주의, 즉 오래가는 변화를 실현하려면 오랜 시간이 걸린다.

민주주의는 정치의 힘에서 비롯

• • •

다음은 지금으로부터 2450여 년 전에 고대 아테네의 정치가 페리클레스가 행한 연설 〈우리는 민주주의자다〉의 한 대목이다.

우리의 정체는 이웃 나라를 모방한 것이 아닙니다. 먼저 이 사실부터 말하고자 합니다. 우리는 남을 모방하기보다는 오히려 남들의 본보기가 되고 있습니다. 우리의 정체는 민주주의라고 불립니다.

권력이 소수 특권층의 손에 있지 않고 다수 시민의 손에 있기 때문입니다. 사적인 분쟁을 해결해야 하는 문제가 있을 때는 모두가 법 앞에서 평등합니다. 누군가를 공직에 앉힐 때 우리가 가장 중요하게 고려하는 것은 그의 출신 성분이나 그가 가진 특권이 아니라 그가 보여준 실질적인 능력입니다. 이 공동체에 이바지하는 한, 그 누구도 가난하다고 해서 정치적으로 무시당하는 일은 없습니다.

아테네가 그리스의 패권을 두고 스파르타와 벌인 펠로폰네소스 전쟁 초기에 전몰자를 추도하는 장례식의 마지막을 장식한 연설로, 아테네 민주주의와 페리클레스 시대를 가장 잘 표현한 것으로 평가된다.

적잖이 긴 이 연설에는 상투적이거나 아첨하거나 책임을 전가하거나 남을 비방하거나 호전적이거나 국수적이거나 정제되지 않은 말은 하나도 없다. 그 대신, 희생을 감수하면서도 지킬 만한 소중한 가치가 있고 남은 사람들 역시 그런 순간이 오면 기꺼이 희생할 까닭을 예시했다. 전쟁에서 아테네인이 보여준 위대함을 예시했는데, 그 위대함은 군사적 강대함이 아니라 법 앞의 평등과 시민의 자유가 보장된 민주주의라는 정치의 힘에서 비롯한 것임을 천명한 것이다.

다음은 역사가 플루타르코스가 《플루타르코스 영웅전》에서 묘사한 페리클레스의 면모다.

페리클레스는 지나치게 긴 얼굴을 감추려고 늘 투구를 쓰고 다녔다. 그만큼 내면이 여리고 수줍음이 많은 사람이었다. 생전에 자식들을 먼저 떠나보는 등 아픔도 많이 겪었다. 하지만 그는 정치가로서 진정으로 자신의 도시국가를 사랑하고 시민을 신뢰했다. 비극이나 불행을 어떻게든 모면해보려고 도망가는 겁쟁이가 아니었다. 언제라도 존엄하게 죽을 준비가 되어 있는 용기 있는 인간이었다.

어쩌면 페리클레스는 이런 면모에다가 유머를 아는 정치가라서 이런 명연설을 남겼는지도 모르겠다. 그는 연설 서두에서 "전몰자들이 이미 행동으로 보여준 용기와 위대함을 어느 한 개인의 연설에 맡겨 평가하는 무모한 일을 내가 왜 해야 하는지 모르겠다"는 말로 청중을 웃겼다. 물이 흐르듯 유장한 그의 연설은 "자, 이제 저마다 연고가 있는 전몰자들에게 대한 애통함은 충분히 풀었으니, 모두 이곳을 떠나시라"는 말로 끝을 맺었다.

슬프고도 당당한 내용으로 아테네 시민의 마음을 움직인 페리클레스의 연설은 오늘날까지도 민주주의의 가치를 소중히 여기고 지지하는 사람들에게 '아름답고 품격 높은 정치의 말'로 살아있다.

민주주의의 위기, 무엇을 할 것인가?

• • •

서기전 5세기, 소피스트의 존재는 아테네 민주주의를 상징한다. 소피스트는 '지혜로운 사람'을 뜻하는데, 우리는 소피스트를 플라톤이 폄훼한 그대로 '궤변론자'로만 배워 오해했다. 소피스트는 말의 힘으로 작동하는 고대 민주주의 사회에서 변론과 연설의 기술을 가르치는 사람들이었지만, 플라톤을 추종해온 서양의 주류 철학은 소피스트를 진리를 추구하는 철학자들의 적으로 돌렸다. 즉, 대중을 오도하고 청년을 망치는 지식 장사꾼이자 궤변론자로 폄훼한 것이다.

소크라테스 시대에 이미 극작가 아리스토파네스는 이 거리의 철학자를 '소피스트'라고 호명하는 풍자극 〈구름〉을 썼다. 소크라테스 역시 당시 소피스트의 한 사람이었다. 고대 중국 제자백가의 면모가 다양했듯이 고대 그리스 소피스트의 면모도 다양했다. 그러니 소피스트를 하나로 묶어서 소크라테스와 대척하는 존재로 낙인찍은 평가는 부당하다.

소피스트는 말로 설득하는 말의 달인이다. 우주의 섭리 또는 인간 이성을 뜻하게 된 로고스도 그 본래 의미는 '말'이 기원이다. 글보다는 말로 자기 뜻을 나타내고 상대를 설득하는 사람이 소피스트라면, 평생 글 한 줄 쓰지 않고 오로지 말로만 살다 간 소크라테스야말로 소피스트의 본보기다.

플라톤은 《국가》에서 소크라테스에게 면박당하는 트라시마코스를 등장시켜 소피스트를 "강자의 이익이 정의"라는 식의 궤변이나 늘어놓는 사람으로 폄훼하지만, 일부 소피스트의 문제를 침소봉대한 것으로 보인다. 소피스트들은 논쟁에서 이기는 기술만 가르치거나 궤변만 늘어놓은 것이 아니다. 말의 힘을 숙고하고 성찰하는 면모를 보이는 소피스트도 적지 않다. 소크라테스의 면모에 필적하는 소피스트도 있다. 최초의 소피스트로 알려진 프로타고라스는 소크라테스와 마찬가지로 인본주의자였다. 프로타고라스는 아테네에 들어와서 첫 저술로 《신들에 관하여》를 발표했는데, "모든 사물의 척도는 인간"이라고 천명한 그의 저술 첫머리는 이렇게 시작한다.

"신들에 관해서 나는 그들이 있는지 없는지 알 수가 없다. 내가 아는 걸 가로막는 것들이 많기 때문이다."

아테네인들은 신성모독 죄를 물어 프로타고라스를 추방하고 그의 책을 모아 아고라에서 불태웠다. 그렇게 추방된 프로타고라스는 시칠리아로 가던 중에 바다에서 배와 함께 침몰했다. 소크라테스가 신성모독 혐의로 체포되어 감옥에서 죽은 것과 뭐가 다른가.

민주주의자이기도 한 프로타고라스는 아테네 민주주의를 절정으로 이끈 페리클레스의 친구였다. 페리클레스의 민주적 정치사상은 친구 프로타고라스의 사상에서 영향을 받지 않았을까.

이쯤에서 우리의 현실로 눈을 돌려 보자. 다시 민주주의가 위기다. 윤석열 정부는 이명박이나 박근혜 정부보다 훨씬 심각한 병적인 징후를 보이더니 불법 계엄 자폭으로 결국은 파면당했다. 그러나 그 과정에서 분열과 혐오의 정치가 더욱 기승을 부려 민주주의를 왜곡하고 있다는 경고의 목소리가 점점 더 높아지고 있다. 극우 세력이 전면으로 나서 가짜뉴스를 퍼뜨리고 폭력을 사주하는 위기의 민주주의의 시대, 우리는 민주주의를 회복하기 위해 무엇을 고민하고 무엇에 맞서 싸워야 할까.

고대 그리스 역사를 고찰해온 도널드 케이건은 페리클레스를 민주주의 이념을 정치에서 실현한 최초의 정치가로 평가한다. 민주주의가 꽃을 피워 시민들 스스로 다스리고, 자유로운 개인들이 탁월해지기 위해 노력한 시대를 페리클레스의 시대로 규정한다.

정적들의 공격을 이겨내며 정치적 평등과 개인의 자유를 확대한 페리클레스는 가장 낮은 신분의 하층민에게도 시민의 덕목을 가르치고 요청한 개혁의 정치가이자 교육가였으며, 전쟁보다는 외교로 갈등을 풀고자 노력한 평화주의자였다.

민주공화국을
실현하는 조건

정당의 민주적 운영의 핵심은
직접 민주주의를 뜻하지는 않는다.
어느 한 개인 권력자가 자의적으로 독단하는 체제가
되어서는 안 된다는 것이 핵심이다.
사당화를 막아 공당으로서의 연속성을 확보하자는 취지다.
그래서 정당에는 강령과 규칙을 두고 대표 선출 등의
운영 기구 구성이나 운영을 그에 따르도록 하고 있다.

대한민국은 민주공화국

• • •

우리나라 헌법 제1조 1항. "대한민국은 민주공화국이다." 보다시피 우리나라는 민주공화국의 정체를 채택하고 있다. '민주' 는 독재에 반대하는 의미이고, '공화' 는 세습제에 반대하는 의미이다. 그러므로 당연히 대한민국의 주권은 국민에게 있고, 모든 권력은 국민에게서 나온다.

공화정의 전통은 고대 로마제국으로 거슬러 올라간다. 집정관, 원로원, 민회를 대의기관으로 삼아 운영된 로마 공화정은 1787년 제정된 미연방 헌법에 응용되어 현대적 공화정의 시작을 알렸다. 아나키즘보다는 시민 다수가 동의하는 정부를 만드는 게 자유와 평화와 생명을 수호하는 현실적 정체라는 믿음에서 공화정이 시작된 것이다. 그리하여 종신제의 세습과 혈통이 아니라 임기제의 선출 원리로 시민 대표를 뽑아 법률이 정한 범위 내에서 법률이 정한 기간에 통치권을 맡겼다.

이후로 어떤 차별도 두지 않고 모든 시민이 참정권을 행사해야 한다는 요구가 분출하면서 공화정을 넘어 민주정으로까지 나아간 것이다. 민주사회에서는 시민의 의견이 다양할 수밖에 없다는 정치철학에 따라 복수의 정당이 입법부를 운영하고, 시민의 지지에 따라 정해지는 정부가 번갈아 국정의 책임을 맡아 운영한다.

오늘날의 민주주의는 기본적으로 공화주의라는 대의제에 기반을 두고 운영되는 체제인데, 대의제의 약점을 보완하기 위해 주민소환제 같은 직접 민주주의 요소를 일부 가미하고 있다. 그런데 정당들이 서로 상대 정당을 정치의 파트너로 인정하지 않아 의회 민주주의가 실종되면 대중 선동의 폐해를 막기 어렵게 된다.

오늘날 우리 정치에서 보는 것처럼 집단 증오와 적대가 만연하여 정치 실종 상태에 빠지게 된다. 정당과 정치인들이 의회정치를 도외시한 채 시민과 대중을 직접 상대하게 되면 국정의 중요한 문제들이 이성이나 합리성보다 열정이나 정념에 휘둘리기 쉽다. 이런 식의 민주주의 방식에서는 정치의 역할이 들어설 공간이 없어지는 것이다. 정치인들 스스로 공화정의 정체를 위반하고 부정하는 셈이다. 이래서는 시민의 삶을 실제로 나아지게 하는 좋은 정책을 도출할 수도 실현할 수도 없게 된다.

민주주의는 좋은 이념이지만, 그 좋은 이념이 실현되려면 좋은 정치가 필요하다. 정치가 좋아야 민주주의도 좋다는 말이다. 대통령은 물론이고 정당과 국회의 기능과 역할이 좋은 정치인들에 의해 구현되지 않으면 좋은 시민도, 좋은 민주주의도 있을 수 없다는 것은 자명한 사실이다.

이런 공화적 민주주의를 엘리트주의라고 비판하거나 불편해하는 사람도 있겠지만, 민주주의는 시민이 통치하는 체제가 아니라 엘리트와 시민의 협력으로 운영되는 체제다.

엘리트라는 어원 자체가 '선출된 자'에서 나온 것이다. 어떤 조직이든 구성원의 대표로 뽑힌 자가 바로 엘리트다. 국가라면 시민의 대표로 뽑힌 자가 엘리트다. 복수의 정치 엘리트 집단이 정당을 조직하여 통치권을 두고 경쟁하는 체제가 바로 민주주의다. 그 엘리트들이 시민의 다양한 의견을 조직하고 표출하고 대표하면서 서로 치열하게 논쟁하고 숙의한 끝에 합의로써 변화를 이뤄내는 것이 민주주의의 본령이다.

정치의 사망과 언론 공론장의 피폐화

• • •

사실 정당이 일개 정치인에 의해 존명이 좌우되고 선거 때마다 결과에 따라 이합집산이 되풀이되어온 허약한 토대에서는 '대통령 선거'에 우리 정치의 비극이 내포되어 있다. 그런 비극의 징조는 지난 2022년 20대 대선의 전 과정에서 최고조에 이르렀다. 정당의 후보들은 경선에서부터 본선까지 네거티브 선거전에 목매다시피 하고, 언론은 경쟁적으로 '비호감 선거'를 보도하여 정치 혐오를 부추겼다. 각 당의 경선에 참여했던 후보들조차 경선 승자에게 깨끗하게 승복하지 않는 추태를 보였다. 심지어 자당 후보를 잠재적 범죄자로 비난하는 지경까지 이르렀다.

이런 후보들 개별의 문제를 넘어 근본적으로 심각한 문제는 정치의 범죄화 현상이다. 주요 정당의 후보들이 서로 상대 후보에 대해 범죄 요건을 들이대며 조사와 처벌을 주장하는 한 누가 대통령이 되든 여당을 허수아비로 만든 채 야당과 의회를 무시하거나 공격하면서 국민 여론에 직접 호소하게 되는 정치의 실종은 피하기 어렵게 되어 있다.

게다가 우리의 거대 양당은 같은 사안을 두고도 서로 여당일 때와 야당일 때의 입장이 표변하여 개혁을 아전인수식으로 주장하는 등 정책의 차별성은 물론 일관성조차 없어 국민의 걱정을 사고 있는 현실이다.

그런 가운데 우리는 지금 정당과 의회정치의 실패로 가는 수렁으로 점점 더 깊이 빠져들고 있다. 내부에서 경쟁력 있는 선출직 후보를 길러낼 시스템을 갖추지 못한 정당들은 선거 때만 되면 외부 영입에 열을 올리게 되고, 여론조사가 후보 선출의 경선을 지배하게 되었다. 그리하여 정당이 아니라 캠프가 중심이 되는 정치가 당연한 듯 뒤따르면서 정당의 존재 이유를 묻는 일이 되풀이되었다.

이러면서 정치인은 여론조사 결과에 일희일비하게 되어 정치의 갈피를 잡지 못하고 되고, 시민들은 변화에 필요한 시간을 기다리지 못하고 정치를 성급하게 다그친다. 민주주의의 필수 요소인 절차와 과정보다 눈앞의 빠른 해결책을 얻고자 하는 욕구만 커진 것이다. 모두가 안달하고 모두가 억울해하는 가운데 진영이 나뉘어 혐오와 삿대질로 적대한다. 정당과 정치인은 정치를 버린 채 이런 대중의 변덕에 영합하여 자기의 정치적 이익에 우선 복무한다. 정치인은 정치를 버리고 시민은 서로에게 사나워진 것이다.

그런 데다가 더 염려스러운 것은 언론 공론장의 피폐화다. 정치의 역할을 존중하지 않는 반정치주의가 우리 언론이 빠진 정체성의 현실이다. 사안과 사태의 시종과 내막을 소상히 알려주는 대신 아예 심판자의 역할을 자처하여 주장을 앞세우고, 더 많은 조회 수를 얻고자 경쟁하기 바쁘다. 더 최악인 것은 자극적인 가짜뉴스로 돈벌이에 나선 개인 유튜버의 근거도 없는 일방적인 주장을 그대로 인용하여 '단독'으로 내보내 유포하는, 언론 윤리의 위배 정도를 넘어 사실상의 범죄행위를 일삼으면서도 전혀 부끄러워하지 않는 언론이 된 것이다.

언론은 말을 다루고 전달하는 역할을 한다. 말이 나쁘고 부정확하면 그 말에 사실과 지식을 제대로 담을 수 없다. 사실의 취재보다 의견을 주장하는 기사가 압도하게 되면서 지식과 정보 전달력은 급격히 떨어졌다. 언론도 극단의 진영으로 갈려 듣고 싶은 말, 보고 싶은 사실만 공급하여 '자기편'에 영합한다. 언론이 이 모양이니, 정치에서 오래가는 변화는 고사하고 당장 급한 변화조차 가능할지 회의적이다.

이처럼 의회와 정당의 책임정치, 입헌주의, 삼권분립과 같은 정치 원리가 무시되면 민주주의는 균형을 잃고 만다. 일상의 민주주의 운영은 적법하게 선출된 시민 대표인 정치인과 정당에 맡겨야 한다. 그렇지 않으면 민주주의는 길을 잃고 제 역할을 하지 못한다.

공화적 민주주의는 합의 절차를 중시하므로 느림의 가치를 긍정한다. 직접 민주주의는 사람의 마음을 성급하게 만든다. 시민의 의향을 서둘러 확인하고 곧바로 실행해야 한다는 조급한 열정에 붙들려 실책을 저지르기 쉬운 문제가 있다. 이래서는 오래가는 변화는 이룰 수 없다.

결사의 자유는 민주주의의 핵심 가치

• • •

"피청구인 통합진보당을 해산한다. 피청구인 소속 국회의원들은 그 의원직을 상실한다."

2014년 12월 19일, 헌법재판소가 재판관 9명 중 8명 인용의 의견으로 피청구인 통합진보당을 해산하고 그 소속 국회의원은 의원직을 상실한다는 결정을 선고한 주문이다.

해산 선고의 이유로 "피청구인이 북한식 사회주의를 실현한다는 숨은 목적을 가지고 내란을 논의하는 회합을 개최하는 등 활동을 한 것"을 들고 있지만, 다분히 정치적 결정이라는 비판을 면치 못했다. 차라리 1명의 기각 의견, 즉 소수 의견이 법률적 판단에 더 부합한 내용임을 보여주고 있다.

"정당 해산의 요건은 엄격하게 해석하고 적용하여야 하는데, 피청구인에게 은폐된 목적이 있다는 점에 대한 증거가 없고, 피청구인의 강령 등에 나타난 진보적 민주주의 등 피청구인의 목적은 민주적 기본 질서에 위배 되지 않으며, 경기도당 주최 행사에서 나타난 내란 관련 활동은 민주적 기본 질서에 위배되지만, 그 활동을 피청구인의 책임으로 귀속시킬 수 없고 그 밖의 피청구인의 활동은 민주적 기본 질서에 위배되지 않는다."

정당이 민주정치를 구성하는 중심 제도로 자리 잡은 것은 100년이 채 되지 않지만, 정당 활동의 자유, 즉 결사의 자유는 민주주의의 핵심 가치로써 그 민주주의의 지속과 발전에 큰 영향을 미쳤다. 그런 가운데 벌어진 우리 헌법재판소의 정당 해산 선고는 민주주의의 체계를 심각하게 훼손하는 중대한 사건이 되었으며, 세계적으로도 숱한 우려를 낳았다. 이는 통합진보당의 지지 여부와 상관없이 누가 보더라도 민주주의 국가에서는 있을 수 없는 '정치적 결정'이었다. 소수 의견에 적시한 것처럼 증거도 없이 실상 권력자의 자의적인 판단인 '괘씸죄'를 걸어 이처럼 결사의 자유를 박탈하기 시작하면 정당정치와 민주주의는 설 자리를 잃게 된다.

이처럼 다양한 시민의 의견을 수렴하는 정당정치를 통한 민주주의가 실현되려면 결사의 자유가 보호받아야 하지만, 정당 자체의 민주적 구성과 운영도 그에 못지않게 중요하다. 민주주의를 하기 위해 조직된 정당이 비민주적으로 구성되고 운영된다면 그보다 더한 모순이 어디 있겠는가.

물론 여기서 말하는 정당의 민주적 운영의 핵심은 직접 민주주의를 뜻하지는 않는다. 어느 한 개인 권력자가 자의적으로 독단하는 체제가 되어서는 안 된다는 것이 핵심이다. 사당화를 막아 공당으로서의 연속성을 확보하자는 취지다. 그래서 정당에는 강령과 규칙을 두고 대표 선출 등의 운영 기구 구성이나 운영을 그에 따르도록 하고 있다.

그러나 오늘날 우리 정당 운영의 현실을 보자면, 정당의 강령이나 규칙도 정당의 구성원들이 지킬 의지가 없으면 너무도 쉽게 한 개인 권력자의 의중에 따라 휴짓조각이 되어버린다.

2024년, 집권 여당이라는 국민의힘이 당 대표를 선출하는 전당대회를 통해 그런 작태를 유감없이 보여주었다. 당의 모든 것이 대통령 개인, 즉 '윤심'에 맞춰 누더기가 되든 말든 아랑곳없이 윤심이 낙점한 후보가 불리한 규칙과 상황을 일사천리로 정리해버렸다. 윤심 후보의 당선에 위협이 되는 유력한 후보를 사퇴하게 만드는 과정은 조폭의 수법을 방불했다. 당정 분리는커녕 대통령은 검찰 정권의 위세로 여당을 능멸하는 지경에 이르렀다. 그런데도 그에 대한 당 내부의 비판 목소리는 찾아볼 수 없으니, 부끄러워서 정당이라고 어디 내놓을 수도 없는 수준이다. 게다가 이 당은 12.3 내란 사태에도 깊숙이 관여한 것으로 조사되고 있어서 해산명령의 위기에 봉착했다.

정당은 시민의 의사를 조직하고 대표하는 존재

• • •

정당을 조직하는 차원에서는 민주성보다는 유기성이 먼저라는 주장도 있다. 먼저 유기적으로 작동하는 조직 기반 위에서 점차 민주적 요소를 강화해 나가고 개방성을 높여야 한다는 얘기다. 물론 일리 있는 주장이다.

그러나 결국은 의회민주주의가 제대로 작동하려면 당내 민주주의도 뒷받침되어야 한다. 다만, 당내 민주주의가 정당 조직이 잘 운영되고 기능하는 데 이바지해야지, 정당 조직을 망가뜨리는 원인이 되어서는 곤란하다.

여기서 하나 짚고 넘어가야 할 것이 있다. 정치든 정당이든 '여론'이 지배하는, 다시 말해 여론에 휘둘리는 정치나 정당을 민주적이라고 하는 것은 착각이다. 그것은 민주주의도 아니고 더구나 공화주의에 입각한 책임정치의 모습과도 거리가 멀다. 여론(조사)에 휘둘리는 것은 민의를 수렴하는 것과는 별개의 문제다. 이것을 착각하면 안 된다는 것이다.

그러나 오늘날 우리의 정치는 여론이 지배하는 구조로 흘러가고 있다. 정당이 의사결정 과정에서 더 많은 시민을 참여시키거나 사회 속에 뿌리를 내리는 방향으로 나아가지 못하고 여론시장에 매달린 나머지, 아니 여론시장의 번성을 조장하기까지 한 나머지 스스로 정치적 주체로서의 입지를 무너뜨리고 있다.

정당의 소속 의원들 개개인이 여론 장사에 여념이 없는 언론을 상대로 경쟁적으로 보도자료를 쏟아내는 일이 정치의 일상이 되다시피 한 것이다. 한마디로, 정치의 망조가 든 것이다.

민주주의에서 정당의 자연스러운 모습은 뭐고 마땅한 역할은 뭘까? 시민의 의사를 조직하고 대표하는 역할이 아닐까. 그런 정당들이 저마다 다양한 계층의 시민들 가운데 한 계층의 시민을 대표하고 대변하게 되면서 다양한 정당이 출현하여 의회에서 논쟁하고 타협하고 협의하게 될 것이다. 이것이 바로 의회민주주의의 자연스러운 모습이다.

그 많던 정당은 다 어디 갔을까?

• • •

해방 이후 명멸한 우리나라 정당 수는 헤아리기도 어려울 만큼 많다. 아마 100개도 훨씬 넘을 것이다. 1987년 민주화 이후에 지금까지 중앙선거관리위원회에 등록한 정당만 따져도 120여 개나 되고, 국회의원을 배출한 정당도 40여 개나 된다. 개수로만 따지면 그야말로 정당의 풍년이다.

그러나 속내를 들여다보면 풍요 속의 빈곤이 금세 드러난다. 거대 양당이 번갈아 가며 이름만 바꿔 단 통에 생긴 당만 20개에 이른다. 그렇다 해도 의석을 가진 정당이 5개나 되는 엄연한 다당제 구조이지만, 거대 양당이 의석을 거의 독식하는 가운데 문턱 높은 원내 교섭단체 요건을 두는 바람에 실질적으로는 내내 양당제를 유지해왔다. 제3당인 정의당조차 원내 교섭단체 구성 요건의 문턱을 넘지 못해 우리 의회정치는 보수 양당의 한쪽 날개로만 날고 있는 셈이다. 이런 상황도 보수 양당이 양극단으로 나뉘어 서로를 향한 비난과 막말만 쏟아낸 채 정치는 없이 싸움판이 되고 만 사정과 무관하지 않다.

우리 정당들은 평소에는 잠잠하다가 선거 때만 되면 꼭 무슨 이벤트 하는 식으로 '물갈이론'을 득표 전략으로 들고나와 분야를 가리지 않고 정치적 역량이나 전문성과는 무관하게 대중적 인지도가 높은 명망가들을 경쟁적으로 영입해왔다. 그리고 전략적으로 공천함으로써 당의 이미지를 참신하게 세탁해왔다. 그러나 하도 이런 일을 되풀이하다 보니 참신하려고 하는 일이 유권자들 눈에는 구태가 되고 말았다.

선거 치르는 모습을 보면 우리나라 정당은 모델하우스만 그럴듯하게 지어놓고 실상은 싸구려 아파트를 비싸게 속여 파는 분양 회사 같다는 인상을 준다. 기업에서 무슨 용역을 외주를 주듯 공천 심사를 하고, 구조조정을 하듯이 인물을 교체한다.

이런 모습도 우스꽝스럽지만, 당의 간판인 대통령 후보를 선출하는 것도 흥행에 목을 매는 꼴이 무슨 텔레비전 경연 프로그램을 보는 것 같다. 경선 후보들은 모두 공당에 속해 있지만, 저마다 사적 인맥으로 구성된 사설 캠프를 중심으로 선거운동을 펼친다. 선거전략 수립이나 운용 역시 민간기업인 선거기획사에 맡긴다. 자연히 비싼 여론조사와 광고에 의존하는 고비용이 선거운동이 펼쳐진다.

이렇게 각 당의 경선을 거쳐 본선까지 선거가 끝나면 최종 승자의 캠프가 거의 그대로 대통령실이 되고 정부가 된다. 당선자와의 친밀도와 충성도에 따라 서열이 정해지고 직급이 나뉜다. 그러면서 당의 정강과 의지와는 전혀 상관없이 오로지 대통령의 의중에 따라 인사와 정책이 전횡된다.

지금은 감옥에 갇힌 윤석열 정권이 딱 그 짝이었다. 더구나 정부

요직을 검찰 출신으로 도배를 한 것도 모자라 검찰을 한 손에 쥔 채 다른 사정 기관들과 더불어 정권 안보와 정적 제거를 위한 '수사 정치'에 총동원하는 작태를 보였다.

그러는 가운데(앞에서도 언급했듯이) 정당의 위상이 어느 정도까지 바닥으로 떨어지는지를 잘 보여주는 막장극장을 연출한 것이 2024년 3월에 치러진 국민의힘 당대표 선출 전당대회다.

정당은 조직화한 의견이다

• • •

우리나라 정당들은 총선과 대선 그리고 전국동시지방선거 때마다, 그러니까 거의 해마다 혁신위원회니 비상대책위원회니 하는 비상한 이름으로 혁신을 단행해 왔다. 그러나 거꾸로 당 체질은 계속 나빠지고 있다. '일일신우일신'하라는 성현의 가르침을 해마다 실천하는데 새로워지기는커녕 퇴행을 거듭한다니, 이상한 일이다. 혁신이 진짜 혁신이 아니라 그저 책임 면피나 상황 반전용으로 허울에 그치기 때문이다.

그러니 시민들은 정치를 잘못한 정당에 책임을 물을 겨를이 없을뿐더러 책임을 물을 대상조차 모호해지는 난감함에 처한다. 정당으로서는 이런 면피 전략이 잘 먹히는 셈이다. 이렇게 우리나라 정당들은 책임정치로부터 멀어지게 되었다.

그렇다면 책임 정당으로서 정당다운 정당은 어떤 모습이어야 할까?

무엇보다 중요하게, 정당은 정강 이념과 세계관을 조직하고 구현하는 데 역량을 기울여야 한다. 19세기 후반에 영국 보수당을 이끌면서 당의 정체성을 쇄신하고, 총리를 역임하면서 '토리 민주주의'를 정립하는 등 많은 업적을 남긴 벤저민 디즈레일리의 말처럼 "정당이란 조직화한 의견"이다. 그런 조직화한 의견 두 개가 경쟁하면 양당제 정치이고, 여러 개가 경쟁하면 다당제 정치이다.

다음으로, 정당은 사회 갈등의 통합자 역할을 해야 한다. 현대의 민주주의는 모두 자본주의 경제체제에서 작동하고 있다. 사회 갈등하면 지역 갈등이니 세대 갈등이니 종교 갈등이니 하는 것을 떠올리겠지만, 자본주의가 빚어내는 사회경제적 갈등만큼 파괴적이고 지속적인 갈등은 없다. 빈부격차로 인한 사회 갈등과 노동 환경을 둘러싸고 벌어지는 노사 갈등을 조정하고 해소하지 못하고 갈등이 쌓여 극단적인 분열로 치달으면 민주주의 자체가 위험할 수 있다.

세 번째로 정당에서 중요한 일을 든다면, 앞에서도 언급한 정당의 조직과 운영 그리고 의사결정 구조가 건강하고 민주적이어야 한다는 것이다. 그렇게 민주적 전통이 쌓여야 지도부의 리더십도 안정된다. 민주적 절차를 무시한 권력자 개인의 독재적 리더십은 아무리 강력하다 해도 연속성이 없을 뿐 아니라 당을 사당화하게 마련이어서 의회정치를 해치고 정당으로서의 존립 자체를 불안하게 만든다. 당의 리더십이 민주적 전통에 따라 안정되어야 책임지는 정당정치라는 중요한 민주주의의 원리를 실현할 수 있다.

양당제와 양극화 정치에 대한 오해

• • •

갈수록 정치가 진보하고 정당도 그 체계와 다양성에서 발전해야 하는데, 우리나라의 경우는 오히려 퇴행하고 있으니 문제다. 물론 진보하기 위한 일시적인 지체 현상이라면 다행이지만, 정치를 둘러싼 언론 지형이나 주류 정치인들의 행태를 보면 일시적인 현상에 그치지 않을 것이라는 비관적 전망이 가시지 않는다.

1987년 민주화 이후, 그전에 오래 억압되어 온 다양한 사회적 요구가 분출했다. 그런 요구에 부응하여 우리 정치도 다원화할 필요가 있었지만, 오히려 과거 권위주의 체제를 이끌었던 거대 양당의 독과점 구조만 더욱 강화되는 모순을 낳았다. 정치도 정당도 시민의 정치의식도 '민주 대 반민주'라는 흑백의 극단 논리에서 벗어나지 못한 것이다. 아니, 기존의 정치인들이 기득권을 지키려고 그런 지체와 퇴행을 일부러 조장한 혐의가 농후하다.

물론 새로운 변화의 기운이 없지는 않았다. 그전에는 입 밖에도 내기 어려웠던 진보적인 의제도 자유롭게 논의할 수 있게 되었고, 진보적인 인사들도 정치에 다수 참여하여 노동, 환경, 인권, 복지와 같은 약자를 위한 의제에 관심을 불러일으켰다.

하지만 근본적인 변화를 추동할 정당의 체계는 변하지 않아서 정치 역시 변하지 않았고, 제3당의 실험은 모두 실패로 돌아갔다. 무엇보다 원내 교섭단체 요건의 문턱을 넘지 못해 양당 체제에 균열을 내지 못한 것은 뼈아프다. 한때 괄목할 만한 시민의 지지를 받기도 했지만, 거대 양당의 극단적 대결 구도에서 유권자의 사표 방지 심리에 발목이 잡혀 선거에서는 존재감이 폭발하지 못했다.

이런 문제로 인해 현행의 총선 소선거구제를 중대선거구제로 바꿔야 한다는 여론이 비등할뿐더러 정당정치의 다원화를 위해서도 필요한 요청이지만, 거대 양당의 기득권에 발목이 잡혀 논의조차 본격적으로 이뤄지지 못하고 있는 현실이다. 정당정치의 발전과 의회민주주의의 정상화에 누구보다도 앞장서야 할 거대 양당이 오히려 그 발전과 정상화에 걸림돌이 된 상황을 어떻게 봐야 할까. 현역 의원인 나 역시 그 당사자로서 책임을 통감하고 있다.

또 하나 짚고 넘어가야 할 것은 양당제와 양극화 정치에 대한 오해다. 어떤 정치평론가는 "양극화 정치의 원흉이 양당제이고, 양당제는 양극화 정치를 부르게 마련"이라고 주장하는데 일리가 없지는 않지만, 지나친 일반화이자 결과론이다.

양당제가 오래가면 정치의 양극화에 빠지기 쉬운 것은 사실이지만, 다당제에서도 양극화는 그에 못지않게 일어나므로 정치의 양극화와 양당제는 엄연히 별개의 문제다. 여기서 양당제를 옹호하려는 의도가 아니라 양극화 문제의 원인을 잘못 짚으면 처방도 잘못될 수밖에 없다는 뜻에서 하는 말이다.

사실 민주주의 국가에서 제도로서 양당제를 채택하고 있는 나라는 없다. 법적으로는 모두 다당제를 채택하고 있지만, 현실은 사실상 양당제인 경우가 많다. 여기서는 그 현실의 양당제를 말하는 것이다. 미국도 현실은 공화·민주 양당이 워낙 강력해서 양당제라고 하지만, 실은 다당제를 채택하고 있다. 일본 같은 경우는 더 나빠서 법적으로는 다당제를 채택하고 있지만, 전후 사실상 일당 독재의 늪에 빠져 정치가 삼류를 면치 못하고 있다. 민주주의 사회에서는 결사의 자유가 보장된 이상 정당은 몇 개가 되었든 성립 요건만 갖추면 정당으로 등록하고 활동할 수 있다.

양당제가 굳어지면 양당이 투표시장을 독과점하게 된다. 우리나라만 봐도 21대 국회 300석에서 거대 양당이 차지한 의석이 283석이다. 정의당(6)과 무소속(5)에다 사실상 거대 양당에 속하는 국민의당(3)과 열린민주(3)까지 합해도 17석에 불과하고 다른 군소 정당은 1석도 얻지 못했다. 양당의 당선자를 제외한 나머지 당과 무소속 당선자를 하나로 모아도 원내 교섭단체(20인 이상)조차 꾸릴 수 없는 형편이다.

이런 독과점의 측면에서 양당제와 양극화는 공통되지만, 정치 내용에서는 다르다. 양당제에서는 정상적인 경우라면 양당이 수렴적인 경쟁을 하지만, 양극화에 빠지게 되면 이념적으로든 정책적으로든 큰 차이가 없는 양당이 서로 격렬한 적대 의식으로 대치한다. 현재 우리나라의 여야 양당이 꼭 그런 형국이다. 물론 정책에서 민주당과 국민의힘은 현재 적잖은 차이를 보이지만, 그것으로 보수 진보를 가를 정도는 아니라는 말이다.

오늘날 우리나라 정치는 정당도 유권자도 양극화한 가운데 무당파의 움직임이 양극단의 저울 눈금을 좌우하고 있는 형국이다.

우리가 기억해야 할 것은 양당제든 다당제든 그 자체로 나쁘거나 좋은 것은 없다는 것이다. 제도의 형태가 아니라 제도의 운용에 답이 있기 때문이다. 우리가 양당제를 비판하는 것은 양극화 체제가 다원주의적 토대를 억압하여 다양한 사회적 요구를 대변하는 정당의 출현과 성장을 막기 때문이다. 양당제든 다당제든 그것이 다원주의적 가치를 부정하고 그 토대를 억압한다면 나쁜 것이다.

민주 정치의 발전은 정당정치와 의회정치의 발전에 있고, 또 대표의 범위를 사회의 다양한 요구에 부응하는 방향으로 넓혀가는 데 있다. 그래서 개방화와 다원화를 중요한 가치라고 한 것이다. 그러려면 유권자의 표와 의석 사이의 비례 대표성이 높아져야 하는데, 그런 시도가 지난 총선에서 실패로 돌아간 바 있다. 법의 허점과 양당의 당리당략이 얽혀 빚어낸 실패작이다. 국민의힘이 빌미를 제공했지만, 국민을 우롱하는 그 꼼수에 덩달아 발을 담근 민주당도 그 책임을 면할 수 없다.

보수성이 강한 정당일수록 당 조직보다는 소속 의원 개별의 자율성이 더 도드라진다. 사회에서 기득권을 비롯하여 중상층 이상의 유권자를 대변하는 보수당이 지지층을 조직적으로 보호할 이유나 일은 적기 때문이기도 하다. 우리나라는 어찌 된 노릇인지 여야 양당이 서로 극단으로 적대하면서도 그런 면에서는 접점을 넓혀가고 있다.

이런 상황이 아니라도 우리나라 정당들은 그 조직 기반이 허약하다. 정당 조직이 약해질수록 '사회적 약자를 보호하겠다' 거나 '노동 조건을 개선하겠다' 거나 '환경을 보호하겠다' 고 스스로 내건 공약이나 가치 그리고 정체성은 빈말이 되기 쉽다.

정당이라면 조직을 강화해야 할 이유가 분명하다. 정당은 공공 정책의 방향과 내용을 주도해야 할 대안 정부, 즉 미래의 통치 조직이기 때문이다. 우리가 시민 권력을 정당하게 제대로 행사하려면 강력한 정당을 조직하여 선거에서 승리하고, 정권을 획득함으로써 당의 강령을 국가 정책을 통해 실현함으로써 모든 국민이 안전하고 평등하고 자유롭고 사람답게 살 수 있도록 해야 한다.

05

정치의 목적은
분배의 정의 실현

보편적 복지와 선별적 복지를 두고도 말이 많다.
평등주의적 정의론을 펼친 존 롤스에 따르면 선별적 복지는
최소 수혜자를 위한 불평등이므로 공정한 것이다.
롤스가 말한 공정은 사회적 혜택을 최소로 받는 사람들,
즉 최소 수혜자를 위한 것이어야 하기 때문이다.
그런가 하면 자유주의의 열렬한 신봉자인 로버트 노직에 따르면
소득 격차는 그 격차가 얼마든지 과정이 정당하다면
당연히정당한 것이다.
노직은 롤스의 정의론을 개인의 자유를
간섭하는 것이라고 비판한다.

과정이 정당하다면 격차도 정당한가?

• • •

정치는 분배의 정의를 실현하고 갈등을 조정하는 일이라고 한다. 정의롭고 평화로운 사회를 만드는 일이 정치라는 얘기다.

"기회는 평등하고, 과정은 공정하며, 결과는 정의로울 것입니다."

2017년 5월, 문재인 대통령이 행한 취임사의 한 대목이다. 결과가 정의로우려면 분배의 정의가 실현되어야 한다. 이로부터 5년이 지나고, 정권이 바뀌어 다시 3년이 더 지나고 그 정권은 내란을 꾀하다 탄핵당해 감옥에 있다. '공정과 상식'을 내걸고 선거에서 이겨 출범한 윤석열 정부는 역대 정부 중 가장 불공정하고 몰상식적인 정부로 종말을 맞았다. '윤석열의 공정'은 '전두환의 정의'만큼이나 공허했다.

조사 결과는 참 아이러니하다. 조국 사태로 인해 지지율이 떨어지고 공정하지 못하다는 공격을 받은 직전 정부에 대한 네거티브 선거 전략으로 공정을 내걸고 승리한 새로운 정권이 3년을 보내는 사이 '우리 사회가 더 공정해졌다'고 믿는 국민은 극렬 지지층 말고는 아무도 없었다. 검찰 정권을 완성한 대통령이 선택적 정의, 즉 정적 제거에 몰두하면서 공정하기는커녕 민주주의의 토대조차 무너뜨리고 마침내 헌정조차 중단시키려 불법 계엄령을 선포했다가 국민에 의해 끌어 내려졌다. 전직 대통령이 된 윤석열의 민낯은 법정에서 더욱 적나라해졌다.

그런데 이처럼 극단으로 양극화한 정치적 배경 때문인지 우리의 공정 담론 역시 이분법적이고 대결적이다. 한쪽에서는 결과의 평등을, 한쪽에서는 개인의 자유를 말한다. 그러나 자본주의 사회에서의 공정은 무 자르듯 대결적 이분법으로 충분히 설명되지 않는다. 그래서 공정은 다양한 관점과 방법론으로 변주된다.

가령, 보편적 복지와 선별적 복지를 두고도 말이 많다. 평등주의적 정의론을 펼친 존 롤스에 따르면 선별적 복지는 최소 수혜자를 위한 불평등이므로 공정한 것이다. 롤스가 말한 공정은 사회적 혜택을 최소로 받는 사람들, 즉 최소 수혜자를 위한 것이어야 하기 때문이다.

그런가 하면 자유주의의 열렬한 신봉자인 로버트 노직에 따르면 소득 격차는 그 격차가 얼마든지 과정이 정당하다면 당연히 정당한 것이다. 노직은 롤스의 정의론을 개인의 자유를 간섭하는 것이라고 비판한다. 경쟁의 결과를 인위적으로 조정하는 것은 개인의 자유를 과도하게 침해하는 것으로, 자유주의에 대한 심각한 위협이라는 것이다.

공정에 대한 롤스와 노직의 이러한 대립은 오늘날 우리 사회에서 대결적 이분법에 놓인 공정 담론의 구조를 확실하게 대변하고 있다.

그러나 앞에서도 말했듯이 공정의 담론에는 롤스와 노직의 담론처럼 양극단만 있는 게 아니다. 양자의 관점을 넘어서는 다양한 관점이 있다.

금수저, 부모 찬스, 신의 아들…. 우리 사회에 널리 퍼진 공정에 반하는 말들이다. 상속과 증여는 공정의 핵심 이슈일 수밖에 없다. 미국의 정치철학자 로널드 드워킨은 상속과 증여를 자원의 관점에서 접근한다. 그리하여 출발선이 다르므로 공정한 경쟁이 성립되지 않아 불공정하다고 보는 것이다.

공정하면 정의롭고, 불공정하면 불의한가?

• • •

우리 사회의 공정 담론에서는 분배와 경쟁이 화두가 되고, 그때마다 어김없이 '능력주의'가 등장하여 경쟁을 편든다. 그런데 문제는 능력주의를 내세우면서 '기울어진 운동장', 즉 정당하지 못하거나 공정하지 못한 경쟁을 애써 모른 체한다는 것이다. 능력에 따른 경쟁이 그 출발과 과정이 정당하다면야 그에 따른 분배 역시 공정하다고 할 수 있다.

그러니까 분배의 공정을 말하려면 그 기준이 다양해야 한다. 복잡하고 다원적인 현대 자본주의 사회에서 공정의 기준으로 능력주의만 내세우는 것은 그 시비를 떠나 시대착오적이다. 공정 담론에서는 무엇보다 다양성이 중요하다.

그런데 여기서 하나 더 짚고 넘어가야 할 문제가 있다. 공정하면 정의롭고, 불공정하면 불의한가? 이 질문에 대한 답을 구하는 문제다.

미국의 정치 사상가 아이리스 영은 《차이의 정치와 정의》에서 기존의 정의 담론을 뛰어넘는다.

모든 비판은 추상의 규범이나 원리가 아니라 당사자의 내재적 요구에 기초해야 한다는 통찰에 따라 억압받거나 배제되어 온 여성과 소수자 집단에 주목한다. 기존의 정의 담론을 지배해온 '분배 패러다임'은 정의를 개인 간의 물질적 자원의 공정한 분배로만 규정한 나머지 물화해서는 안 되는 사회적 관계까지 물화하며 분배의 결과에만 치우쳐 분배의 사회적 과정을 무시한다는 문제를 안고 있다. 그리하여 정의의 문제는 개인 간 분배의 불평등으로만 환원되고, 여성과 소수자 집단의 차원에 가해지는 지배와 억압은 은폐되고 만다고 지적한다.

가령, 우리 사회에서 남자와 여자, 서울과 지방, 비장애인과 장애인 등을 기준으로 적용되는 할당제가 논의될 때면 이성은 사라지고 감정만 격해져 서로를 적대하는 혐오로까지 나아간다. 과연 소수자 우대 제도는 공정한가? 아이리스 영의 대답은 "설령 그것이 불공정하더라도 정의롭다"는 것이다. 공정도 좋고 개인의 자유도 좋지만,

뭐가 되었든 결국에는 정의로워야 한다는 것이다. 사회가 정의로워야 한다면, 할당제가 불공정하더라도 그것은 옳다는 얘기다.

예를 하나 더 들어보자. 코로나 사태로 인해 살림살이가 더 팍팍해지면서 사회적 갈등 역시 증폭되고 고조되었다. 코로나로 인한 재난 지원금에도 그 불똥이 튀었다. 내국인을 챙기기에도 빠듯한 재난 지원금을 체류 외국인까지 챙겨줘야 하느냐는 볼멘소리가 나왔다. 과연 외국인에게까지 재난 지원금을 지급한 조치는 공정한가?

우리는 이에 대한 답을 "불평등한 세계는 공정하지 않다"고 한 정치학자 찰스 바이츠에게서 찾을 수 있다. 공정을 제도 차원으로만 접근해서는 답을 구할 수 없다. 공정은 개인의 성공을 위한 경쟁의 기준이 아니라 우리가 모두 함께하기 위한 공존의 조건이다. 그러므로 외국인에게 재난 지원금을 지급한 것은 공정하면서도 정의로운 일이다. 어떤 질문이든, 특히 공정에 관한 질문이라면 '나' 에서 '우리' 로, 획일적 평등에서 다원적 평등으로, 방종의 자유에서 책임의 자유로 관점을 옮겨보면 어렵잖게 답을 구할 수 있다.

중요한 것은, 공정을 실현하는 방식

• • •

'공정은 무엇인가' 하는 질문과 그 답도 중요하지만, 그렇게 얻은 답으로 규정한 공정을 '어떻게 실현할 것인가' 하는 질문도 중요하다. 사실 사회가 공정해야 한다는 데는 누구나 공감하지만, 공정의 정의와 방법론을 두고는 저마다 기준이 다르고 생각이 다를뿐더러 더 나쁘게는 정치권이 유포한 진영 논리에 휩쓸려 '묻지마 찬성'과 '묻지마 반대'로 편이 갈라져 논리를 무시한 채 덮어놓고 싸운다. 공정을 대하는 태도 자체가 공정하지 못하다. 그래서 공정을 둘러싸고 사회적 갈등이 깊어진다. 우리에게 필요한 공정은 어느 한 편을 위한 것이 아니다. 만약 그렇다면 그것은 이미 공정하지 않다. 공정이라는 말 자체에 이미 '우리 모두를 위한 것'이라는 뜻이 내포되어 있다. 그러므로 공정은 어느 일방이 아니라 모두가 함께 논의하여 답을 찾고 실행 방안을 찾아야 하는 일이다.

정치의 할 일이 공정한 분배라면 우리나라는 정치가 할 일이 더욱 막중하다. 자본주의 사회가 고도하면서 빈부격차가 갈수록 심화하고 있는데, 우리나라의 빈부격차는 더 심각한 수준이다. 자산소득의 격차는 말할 것도 없지만, 근로소득 격차 역시 빠르게 커지고 있다는 데 문제의 심각성이 더한다.

2024년 5분위(상위 20%) 가구 월평균 소득(664만여 원)은 1분위(하위 20%) 가구 소득(89만여 원)의 7.5배였다. 1997년 IMF 사태 이후 본격화한 소득 양극화 추세가 갈수록 가파른 곡선을 그리고 있다. 그런데도 여전히 성장만 하면 분배는 자연히 따라온다는 성장 지상주의가 우리 정치와 사회를 지배하고 있다.

그나마 문재인 정부에서 불씨를 살려가던 분배의 정의는 정권이 바뀌고 나서 아예 그 뿌리조차 뽑힐 위기에 처했다. 윤석열 정부는 1970년대식 성장주의를 꺼내 들고 사실상 노동 탄압을 일삼으면서 노조에 '성장을 방해하는 적'이라는 프레임을 씌웠다. 그렇게 노동 정책이 날로 퇴행을 거듭하던 중에 다행히도 윤석열 정부가 내란 사태로 무너졌다.

분배적 정의와 평균적 정의

• • •

경제적 정의는 아리스토텔레스의 견해와 같이 분배적 정의와 평균적 정의로 나눠 볼 수 있다. 이전 윤석열 정부 들어 분배적 정의가 무시되는 가운데 분배적 정의가 갖는 가치가 새삼 소중하게 여겨졌다. 분배적 정의는 사회 구성원 모두가 자신의 능력을 개발하도록 돕는 것은 좋은 일이며 공통의 책무라는 사실에서 시작된다.

이런 분배적 정의에 가장 반동적으로 대응한 인물은 19세기 서구의 가장 중요한 지식인으로 행세하던 허버트 스펜서다. 그는 빈민이나 사회적 약자의 생존 문제에 약육강식의 원리를 들이댔다.

불완전한 존재들(빈민)은 자연의 실패작이며, 그런 것으로 밝혀지면 자연의 법칙에 따라 소환된다. 만약 그들이 생존하기에 충분히 완전한 상태라면 그들은 분명 생존할 것이고 생존하는 것이 바람직하다. 만약 그들이 생존하기에 불완전한 상태라면 그들은 죽을 것이고 죽는 것이 가장 좋다.

스펜서의 이런 사고방식에 따르면 분배적 정의는 죄악이 된다. 20세기 후반 서구 복지국가에 대한 반발로 힘을 얻은 신자유주의는 이런 사고의 연장선에 있다.

분배적 정의가 서 있는 바탕에는 '인간에게 닥친 문제는 그것이 무엇이든 재능과 역량을 꽃피우는 데 필요한 자원과 선의만 주어지면 해결될 수 있다' 는 낙관주의가 있다. 현대 복지국가의 기반이 여기에 있다. 우리 정치는 진화생물학자 스티븐 굴드가 규정한 '불평등' 의 의미에 귀를 기울일 필요가 있다.

우리는 이 세계를 단 한 차례 지날 뿐이다. 비극 중에서도 생명의 성장을 저지하는 것만큼 비참한 비극은 없다. 또 불공평 중에서도 내부에 있다고 잘못 인식된 나머지 외부에서 부과된 한계에 의해 노력할 기회나 희망을 품을 기회조차 부정하는 것만큼이나 심각한 불평등은 없다.

분배가 이뤄지는 절차에 주목

• • •

오늘날 우리 청년들은 기본적인 삶을 누리는 것조차 버겁다. 해방 이후 부모 세대보다 소득수준이 낮은 첫 세대의 자괴감에 빠진 청년들은 '공정'에 관한 일이라면 극도로 예민하게 반응할 수밖에 없다. 여기에 코로나 사태까지 터지고 정부의 정책 실패까지 더하면서 여기저기 아우성이고 비명이다. 선거 때만 되면 표를 얻는 데 도움이 되는 쪽으로 급조된 정책들이 쏟아지지만, 탁상공론과 조삼모사 그리고 외화내빈의 비판을 비껴가지 못한다. 정의와 공정을 기대할 수 없으니 '차라리 기계적 평등이 낫다'는 자조까지 범람한다.

여기 사람 2명에 빵 3개가 있다 치고, 경제적 정의를 아리스토텔레스가 제시한 평균적 정의와 분배적 정의로 나눠 생각해보자. 평균적 정의는 모두가 일률적으로 똑같이 나눠 갖는 것이므로 각각 하나 반씩 가져가면 된다. 분배적 정의는 좀 복잡하지만 다른 요소가 개입한다고 이해하면 쉽다. 가령, 더 배고픈 사람이나 빵을 얻는 데 더 노력한 사람이 2개를 가져갈 수 있다는 논리다.

앞서 언급한 미국의 정치철학자 제임스 롤스는 분배가 이뤄지는 절차에 주목하여 공정한 절차에 따라 이루어진 분배를 정의로운 분배로 규정한다.

"공정한 절차에 따라 만들어진 정의의 원칙이야말로 사회적 이

익과 부담을 어떻게 분배하는 것이 가장 공정한 분배인지를 밝혀
준다.”

이어서 롤스가 분배에서 차등의 원칙과 기회균등의 원칙을 제시
한다. 앞서 말한 분배적 정의와 상통한다. 사회적 약자를 외면하고
소수의 기득권이 사회적 이익을 독점하는 형태의 분배는 불공정하
다고 주장한다. 사회적 약자를 우선으로 배려하는 사회복지가 공정
한 분배를 위한 필수조건이라는 것이다.

A와 B라는 두 나라 사회가 재화를 3명에게 분배한다고 치자. A
사회는 20:40:50으로 분배하고, B 사회는 30:35:45로 분배한다면
어떨까? 롤스의 견해에 따르면 A 사회는 B 사회보다 정의롭지 못하
다. 재화의 합은 110과 100으로 A 사회가 더 크면서도 약자에게 분
배되는 재화는 B 사회보다 오히려 적기 때문이다.

지금 우리 사회의 분배 구조는 A 사회의 모델로 치닫고 있어서, 전
체 재화는 커지고 있으면서도 분배의 격차로 인해 청년들의 고통이
깊어지고 있다. 여기에는 기업 편향의 노동 정책으로 인해 날로 일
자리의 질이 떨어지는 ‘노동의 문제’가 가장 크게 자리를 잡고 있다.

**오늘날 우리 청년들의 문제는 성장이 아니라 분배와 노동의 문제
가 그 핵심이다.**

시민사회의 성장과 국가의 절제

• • •

또 하나, 정치는 갈등을 조정하는 일이다. 그렇다면 오늘날 벌어지고 있는 우리 사회의 갈등은 어디서 비롯된 걸까? 사회경제적 갈등과 정치적 갈등 사이에는 어떤 함수관계가 있을까? 거의 모든 사회경제적 갈등과 역사적 갈등이 정치로 수렴되어 극단의 대결로 치닫고 서로를 혐오하는 지경에 이른 오늘날의 사태를 어떻게 풀어야 할까?

인류 역사에서 가장 중요한 갈등은 유산자와 무산자의 갈등이고, 현대 사회에서도 '자본 대 노동'의 문제는 가장 기본적인 갈등이다.

사실 유럽 등에서는 사회경제적 갈등이 대개 정치적으로 보수당 대 노동당과 같은 '보수 대 진보'라는 정치의 균열로 나타난다. 그러나 봉건왕조의 전통 없이 근대에 들어 처음부터 다양한 인종을 수렴하여 공화정으로 수립된 미국은 선진국 중 거의 유일하게 진보정당이 부재한 나라다. 우리도 제대로 된 진보정당이 없기는 마찬가지다.

왜 그렇게 되었을까?

해방정국에서 터져 나온 시민의 다양한 요구를 미 군정과 이승만 정권이 압살한 이후로 역대 정권은 다양한 사회적 이해관계에 따른 주장과 그에 따른 갈등을 죄악시하여 화합이 아닌 원인을 제거하는 방식으로 대응해왔다. 이러한 갈등과의 정치적 불화는 1987년의 민주화 이전은 말할 것도 없고 이후로도 상당 기간 이어져왔다. 진보와 좌파를 죄악시하면서 우익만 존재하는 반쪽만의 불구 정치가 우리 사회를 지배해온 것이다. 이런 방식은 이것이 치료하려고 했던 갈등의 부작용보다 훨씬 더 큰 부작용을 불러왔다.

1987년 민주화 이후 우리 사회는 여러 면에서 달라지고 진보했지만, 정치의 진보는 여전히 실패하고 있다. 세계사적 근대화 과정을 열강의 침탈과 일제의 강점에 고스란히 빼앗긴 채 폐허가 된 현대로 곧바로 들어서야 했던 가난한 우리 사회는 급속한 산업화에 따라 빈부의 양극화가 심화하면서 다양한 요구와 함께 새로운 계급적 갈등이 끊임없이 분출해왔지만, 정치는 여전히 구태의연한 모습으로 보수 독점의 틀을 벗어나지 못하고 있다. 그래서 의회정치가 제대로 작동하지 못한 가운데 시민들은 '거리의 정치'에 의존해 왔다. 의회에서 싸우고 합의를 끌어내야 할 국회의원들조차 그 거리의 정치에 편승함으로써 시민의 대표로서의 존재 이유를 스스로 배신하고 말았다. 정치는 갈등의 조정이라는데, 시민의 대표들이 이 모양이니 해소되지 못한 갈등이 쌓이고 묵어서 적대적 감정과 혐오의 말들로 표출되기에 이른 것이다.

그러니 한국 민주주의의 상징으로 세계가 알아주는 거리 시위나 촛불 시위와 같은 거리의 정치가 아직껏 계속되는 상황을 정치인이라면 스스로 부끄럽게 여겨야 한다. 제도 정치의 갈등 조정 능력 상실을 의미하기 때문이다.

우리 정치는 어쩌다 이 모양이 되었을까? 1953년 한국전쟁을 기화로 분단이 고착되고 진보의 날개가 꺾여버린 데 가장 큰 원인이 있다는 진단은 여전히 유효하다. 이탈리아의 사회주의 혁명가이자 공산당 창시자인 안토니오 그람시는 그 유명한《옥중수고》를 통해 마르크시즘의 기계론적 과학주의를 극복했다는 점에서 중요한 사상가다. 그는 일찍이 서구 국가와 러시아의 차이를 요약한 의미 있는 말을 남겼다.

"서구에서는 국가와 시민사회 사이에 적절한 관계가 있다면, 러시아에서는 국가가 모든 것이고 아직 시민사회는 원시적이고 정형화하지 못했다."

그람시가 러시아에 대해 지적한 국가의 과대 성장과 시민사회의 미성숙 또는 부재가 한국전쟁 이후 분단이 고착된 우리의 모습과 겹친다.

지역주의의 본질과 양극화의 뿌리

• • •

1987년 민주화 이후 '민주 대 반민주'의 갈등 구도가 약화하면서 그동안 억눌려온 계급(자본가 대 노동자)과 이념(진보 대 보수)의 대립이 주된 균열 구조로 자리 잡아야 하는데도 그렇지 못하고 '지역주의'가 그 자리를 차지하게 됨으로써 우리 정치가 지체와 퇴행을 면치 못하게 되었다.

지역주의를 김대중과 김영삼, 양김의 분열과 정치적 동원의 결과로 보기도 하지만, 근본적으로는 그동안 우리 사회를 지배해온 TK의 패권주의와 호남 소외와 같은 구조적이고 역사적인 결과라고 해야 마땅하다. 우리 현대사에서 민주주의의 중요한 보루 역할을 해온 호남을 지역주의의 한쪽 당사자로 지목하는 것은 역사에 무지한 그릇된 인식이다.

더구나 호남으로서는 그런 지역주의 구도를 원할 리도 없다. 호남의 인구 감소와 영남의 절대적인 인구 우위를 고려하면 지역주의는 무조건 '지는 게임'이다. 호남의 인구는 이제 충청의 인구에도 못 미치게 되었다.

이런 지역주의를 조장하고 유포하는 세력이 노리는 바는 정치적 실패에도 불구하고 수적 우위를 바탕으로 계속 권력을 차지하려는 것이고, 계급 문제와 같은 다른 중요한 정치적 균열을 은폐하고 억압하려는 것이다.

이처럼 정치 외적인 갈등을 정치적으로 조장하고 악용하여 중요한 정치적 문제를 덮어온 흑역사는 우리한테만 있는 게 아니다. 민주주의의 선진국이라는 미국도 예외는 아니다.

미국 남부의 보수주의자들이 가난한 백인들을 자신의 영향력 아래 묶어두기 위해 인종적 적대감을 조장한 것도, 1890년대 급진적인 농민운동을 파괴하기 위해 지역 갈등을 조장한 것도 마찬가지다. 하나의 갈등을 전혀 다른 갈등으로 대처하는 갈등의 대체는 가장 파괴적인 정치 전략이다. 이는 문제의 본질을 호도하여 정치를 파괴하고 민주주의의 근간을 파괴한다.

우리 사회의 양극화와 갈등이 갈수록 심화하고 있다. 무엇보다 1997년 IMF 사태 이후 우리 사회를 뒤덮은 시장 만능의 신자유주의가 범람하여 보수 정권의 정강과 이념이 되면서 더욱 구조화되어 시민사회의 통합을 위협하고 있다.

우리 사회가 갈등과 대립의 '거리의 정치'를 벗어나 다양한 갈등을 민주적이고 평화적으로 조정하고 진정한 의미의 국민통합으로 나아가려면 무엇보다 정당정치의 복원과 의회정치의 정상화가 시급하다.

06

국가의 조건과
좋은 정부론

우리가 민주주의만으로 더 나은 세계를
만들 수 없을지는 모르겠지만,
그 세계를 만드는 데 없어서는 안 될 조건을
충족하고자 하는 것이 민주주의라는 사실은 분명하다.
무엇보다 민주주의가 소중한 이유는,
민주주의는 인간의 존엄을 짓밟는 숱한 야만의 체제에
반대하는 의지의 가장 강력한 표상이기 때문이다.

국가의 발전과 시민사회의 출현

• • •

"국가는 영토 내의 국민에 대하여 합법적으로 물리적 강제력을 행사할 수 있는 정치체계다."

현대국가의 핵심 성격과 특성을 짚은 독일의 사회학자 막스 베버의 규정이다. 다시 말해, 국가는 물리적 강제력을 행사할 수 있는 정당성, 즉 공권력을 부여받아 합법적으로 사회를 통치하는 존재로서 발전해왔다.

역사적으로 국가는 절대국가에서 자유민주주의 국가로 발전하면서 국가권력은 왕권이 아닌 주권을 가진 국민에게서 나오게 되었다. 다시 말해, 민주주의 국가는 국민을 대신하여 다양한 합법적 제재 수단(물리적 강제력)을 가지고 인간 개개인의 권리와 자율적 삶을 보호해주고 개인이나 사회 차원에서 스스로 해결할 수 없는 문제들을 해결함으로써 사회 전체의 공익을 증진시키는 제도들의 총체라고 할 수 있다.

근대국가로의 발전 과정에서 국가와 연관된 '시민사회' 가 출현하는데, 이는 국가권력이 지배하는 대상으로서, 자율성과 권리를 가진 개인들이 자발적으로 자신들의 삶을 결정하면서 살아가는 집단을 의미한다. 이러한 자율적인(시민) 사회 개념은 서구에서 인간의 자율적 존재를 인정하지 않았던 신 중심의 어두운 중세 봉건시대를 지나, 르네상스 시대를 거치면서 탄생한 자유주의 사상에 기반을 둔다. 자유주의 사상은 인간을 이기적인 존재로서 주체성을 가지고 기본적 권리들(참정권, 사유재산권, 자주권 등)을 가진 개인들로 구성된 사회를 의미했다.

현대국가의 개념은 일정 지역의 인간이 그들의 공동체적 필요를 위하여 창설한 것으로, 그 구성원들을 위하여 일체성과 계속성을 가지고 요청을 수행하며, 내외의 적으로부터 공동체를 지키고 유지하려는 목적을 가진다. 이는 하나의 정치 단위로, 대개 국민국가를 의미하는데, 국가는 여러 정치 체제로 변하면서 존재해왔으며, 앞으로도 계속 변할 것이므로 국가는 아직 완성된 개념이 아니다.

사회계약론과 근대 시민혁명

• • •

국가는 법과 규칙을 제정하여 국민의 생명과 재산을 지키는 것을 가장 중요한 과제로 삼는다. 법 제정의 독점권은 국가 주권의 요체다. 국민은 국가에 경찰, 군대 같은 무력 사용을 용인하는 대가로 국가가 유지하는 질서 속에서 자신의 경제활동과 재산을 보호받고, 생명과 안전을 보장받는다. 이때 질서 유지는 영토와 국민의 안위 그리고 헌법을 지키기 위해 꼭 필요한 사회적 가치에 해당한다. 질서가 무너져 무법천지가 되는 순간 가족의 생명과 재산, 안전이 위협받기 때문이다.

이러한 국가와 국민 간에 이루어지는 보이지 않는 계약의 이론 토대를 제공한 사회계약설은 개인이 자연 상태에서는 자신의 자유와 평등을 보장받기 어려우므로 국가권력의 원천을 국민의 동의에 두고, 국민의 계약에 따라 국가권력이 구성된다는 견해다. 이는 시민 혁명의 사상적 토대이자 법치주의의 근원이 되었다.

서양의 17~18세기 홉스에서 시작되어 로크, 루소로 이어지며 발전해 온 사회계약설은 천부인권 사상에 기초하여 개인의 권리 보장과 국민의 동의에 바탕을 둔 국가를 강조했다. 또 시민은 자유와 권리를 누리지만, 불가피한 경우에는 법에 따라 자유를 제한받을 수 있다. 즉, 국가권력은 시민의 권리를 보호하는 수단으로 작용해야 하고, 시민의 권리는 공익을 해치지 않는 범위 내에서 행사되어야 한다. 이는 결국 국가권력과 국민의 권리는 조화와 균형의 관계를 유지해야 한다는 것을 의미한다.

"천성적으로 자유를 사랑하는 인간이 권력자 또는 국가에 권리를 양도하는 것은 자연 상태의 '만인 대 만인의 투쟁'에서 벗어나 개인의 안전과 평화를 보장받기 위해서다. 권력자가 이런 사회계약의 의무를 지키지 못한다면 그에게 복종할 이유가 없다."

사회계약설의 선구자 홉스가 《리바이어던》에서 설파한 국가의 존재 이유이자 의미다. 수많은 사람을 조합해 만든 거인이 머리에 왕관을 쓰고 오른손에는 검을 잡은 채 산 너머에 있는 도시를 내려 다보고 있다. 이 거인의 이름이 '리바이어던' 이다. 그는 인간의 집합이면서 인간의 힘을 뛰어넘는 권력을 가졌다. 저마다 본성에 따라 살아가는 자연 상태에 있던 인간이 개인의 권리를 위임하는 사회계약을 통해 탄생시킨 국가를 상징한다. 리바이어던은 구약성서 〈욥기〉에 나오는 괴물로, 성서에서는 혼돈을 상징하지만, 홉스는 통치와 질서를 주재하는 힘을 가진 존재로 그렸다. 절대권력을 리바이어던으로 대체함으로써 국가와 국민 사이에 보호와 복종이라는 새로운 관계를 설정한 것이다.

절대권력을 내세웠다는 이유로 홉스를 전체주의자라고 보는 시각도 있지만, 그가 주장한 절대권력은 맹목적인 추종을 강요하는 무소불위의 권력이 아니라 사회계약에 의해 승인된 권력을 뜻하므로 그런 시각은 옳지 않다. 사회계약의 효력이 영속적인 것이 아니라, 상호 권리와 의무의 이행을 전제로 한다는 점에서 홉스의 주장은 근대 시민혁명의 이론적 틀이 되었다.

국가의 부당한 명령에 대한 시민불복종의 정당성

• • •

정치적 의무를 자연적 의무의 관점에서 정당화하는 이들의 주장은 '우리가 사는 국가가 정의롭다'는 가정하에서만 정치적 의무가 정당화된다. 그러나 만일 국가의 제도나 법에 심각한 문제가 있다면 국민은 제한된 범위에서 정치적 의무를 거부하여 제도와 법을 개선해야 한다는 주장이 제기되는데, 대표적인 것이 시민불복종이다. 소로는 "법에 대한 존경심보다 정의에 대한 존경심을 길러야 한다"는 논리로 국가의 부당한 명령에 대한 시민불복종의 정당성을 주장했다.

시민불복종의 의미는 두 가지 관점으로 규정된다. 하나는 사회개혁의 총체적 이념이라는 관점이고, 다른 하나는 그것이 다른 방법이 없는 경우에 채택하는 단순한 전술이라는 관점이다. 실용적인 관점에서 본다면, 시민불복종의 효과는 도덕성에 대한 대국민 호소를 통해 궁극적으로 성취하려는 저항을 견지하는 것에 달려 있다.

그래서 유시민의 주장처럼 국가의 목적은 정의를 세우는 것이다. 같은 일을 했는데도 급여와 근로조건에서 현저히 차이가 나는 것은 '같은 것을 같게, 다른 것을 다르게' 다루어야 한다는 정의의 원칙을 침해한다. 형식은 자유로운 근로계약처럼 보이지만, 선량한 시민인 비정규직 노동자들이 자신의 생존을 경제적 강자의 자비심에 맡겨야 하는 상황에서 맺은 근로계약은 진정 자유로운 계약이라 할 수 없다.

국가를 위해서라면 개인의 희생은 아무렇지도 않게 생각하는 개인의 기본적인 인권도 지켜주지 못하는 국가보다, 조금 더디고 약할지라도 국민과 소통하고, 국민의 안전과 기본적인 인권을 존중해주는 인간적인 지도자가 이끄는 국가여야 한다. 내가 생각하는 국가가 바른 방향으로 나가기 위해서는 내가 그만큼 정치 사회에 관심을 두고 적극적으로 노력해야 한다. 나와 같은 신념을 가진 사람들이 국가를 향해 목소리 내는 모습을 TV에서만 지켜볼 것이 아니라 나도 적극적으로 참여하여 작은 힘이라도 더해야 할 것이다.

국가의 조건과 국민의 동의

• • •

좋은 국가란 '모든 국민이 고루 살기 좋은' 국가를 말한다. 이런 국가는 이상적인 국가라고 할 수도 있겠지만, 그런 이상을 추구해 나갈 때 우리는 그나마 이상에 한 걸음씩 더 가까워지는 국가를 실현할 수 있다.

정치학자 최연혁에 따르면, 좋은 국가의 기본 조건은 정체성이 분명한 국가, 정통성을 확보한 국가, 국민과의 교감을 거친 국가, 책임정치가 가능한 국가, 통합의 정치를 펼치는 국가, 균형 잡힌 분배가 이뤄지는 국가다.

'정체성이 분명한 국가'를 좋은 국가의 조건으로 든 것은, 정체성 확보는 국가 건설의 첫 번째 단계에서 해결해야 할 문제이기 때문이다. 국가 정체성은 계층, 피부색, 종교가 다르더라도 한 국가의 국민으로서 서로의 동질성을 각인시켜 주는 끈이다.

'정통성을 확보한 국가'는 국민이 행복하다고 느끼는 국가다. 그 누구도 정통성에 시비를 걸지 않기 때문이다. 영국의 정치학자 데이비드 비담은 국가를 "국민의 주권을 극대할 수 있는 제도적 장치"로 정의했다. 국민의 주권과 행복을 유린하지 않는 국가가 답이다. 국민의 삶이 유린당하고, 소수가 특권을 누리는 사회에서는 정치의 정통성이 상실된다. 국민의 삶을 돌보지 못하는 정치인은 정통성이 결여된 것으로 보고 국민이 언제든지 그를 끌어내리는 권리를 행사할 수 있어야 진정한 민주주의 국가라고 할 수 있다. 이는 내란을 일으킨 윤석열을 대통령직에서 끌어내린 시민이 주권자의 권리를 현실에서 분명하게 보여주었다.

'국민과의 교감을 거친 국가'란 국민의 동의를 얻고 설득하는 과정을 거친 국가라는 뜻이다. 선거를 통해 국가 발전의 청사진을 제시하고, 그중 국민의 지지를 가장 많이 받은 대안을 바탕으로 정권을 구성하는 절차적 민주주의에 충실한 국가라는 뜻이기도 하다.

'책임정치가 가능한 국가' 란, 국민의 자발적 참여를 끌어내는 국가를 말한다. 그리고 '통합의 정치를 펼치는 국가' 란 민심의 화합, 소통, 관용을 중시한다. 리더는 자기한테 반대하던 사람까지도 포용해 국가의 아픈 상처를 아물게 하는 명의가 되어야 한다.

'균형 잡힌 분배가 이뤄지는 국가' 란, 사회적 격차를 줄이는 균형 잡힌 분배로 통합의 정치를 완성시키는 국가를 말한다.

그렇다면 미래의 좋은 국가는 어떤 모습이어야 할까?

첫째는 안전 국가, 둘째는 부강 국가, 셋째는 민주국가, 넷째는 복지국가다. 국민의 삶의 질을 평준화하는 것뿐만 아니라 책임을 함께 나누는 것도 강조되어야 한다. 가장 좋은 복지는 질 높은 사회간접자본, 좋은 일자리, 좋은 공교육 그리고 책임의 고른 분담을 전제로 한다.

다섯째는 선도 국가다. 평화, 공존 배려, 화합, 나눔, 관용을 앞세우는 국가, 세계가 배우고 싶어하는 역할 모델 국가가 되어야 한다.

국가의 성패를 가르는 결정적 요인

• • •

세계은행은 좋은 정부의 역할에 대해 몇 가지 지표를 제시한다.

첫째, 정부의 효율성이다. 정부의 능력을 보여주는 지표는 성장과 분배의 균형이다.

둘째, 국민의 목소리에 귀를 기울이고 국민이 목말라하는 부분을 책임감 있게 수행하는 능력이다. 정부는 사회의 다양한 불만족을 해소하기 위한 정책과 대안을 내놓아야 한다.

셋째, 사회의 다양한 이해관계가 얽혀 발생하는 갈등을 해결해 국정의 안정을 확보해야 한다. 폭력적 전복의 위험이 없는 사회를 만들기 위해서는 불만 세력을 설득하는 능력, 정책으로 문제를 해결하려는 자세와 열정을 갖춰야 한다.

넷째, 사법의 질을 들 수 있다. 사법 절차가 공정하지 않으면 가진 자가 더 이익을 보는 사회가 된다. 사법 절차가 아예 존재하지 않거나 권력을 가진 자가 사법을 통제할 때 국민의 생존은 위협받는다.

다섯째, 법치국가의 작동 여부다. 무법천지에서는 힘이 센 사람이 그렇지 못한 사람들을 착취하거나 뇌물을 받고 보호하는 모습을 쉽게 볼 수 있다. 법이 있더라도 법을 집행하거나 판단하는 사람들이 부패하면 힘없는 국민은 법의 보호를 받을 수 없다.

마지막으로, 부패의 통제를 들 수 있다. 부패가 만연한 사회에서 먹이사슬 구조가 형성돼 정직한 사람이 항상 패배하는 구조가 된다. 사람들이 경쟁에서 지면 뇌물을 주지 않거나 적게 줘서 그렇게 됐다고 믿는 사회에서는 서로를 신뢰할 수 없다.

좋은 국가, 즉 경제도 성장도 복지 수준도 모두 높아 누구나 행복한 나라, 범죄율이 낮고 테러의 위협이 적어 마음 편히 살 수 있는 나라, 차별이 존재하지 않는 나라, 국민과 정치인과 기업이 신뢰할 수 있는 나라, 이런 나라를 만드는 것은 과연 가능한 일일까?

스웨덴이 국가에 대한 신뢰가 높고 국민 상호 간에 갈등과 분열이 낮은 이유는 산업혁명을 바탕으로 가난한 나라에서 경제적으로 발전한 나라로 나아가면서도 양극화 같은 극단의 대립이 없었기 때문이다. 이는 정부가 사회보장, 의료 보장, 가정 복지 등에 힘을 써 국민의 삶의 질이 편향되지 않고 부가 골고루 향유되도록 국가를 운영한 덕분이었다.

이와 반대로 국민간 신뢰의 뿌리가 흔들리기 시작하면 이기주의가 만연하면서 자기와 자기 가족 중심의 사고, 나보다 못한 사람은 무시하고 더 높은 위치에 있는 사람에게는 굴복하는 관계가 형성된다. 이는 사회적 계층화, 양극화, 불신의 고착화로 이어져 사회적 응집력이 급속도로 와해 된다. 상호 존중 회복은 국가의 기강을 올바르게 하고 긍정적 발전을 끌어내는 데 필수 요소다. 국민의 상호 신뢰를 회복시키는 가장 효과적인 방법은 국민 개개인의 삶의 질에 꼼꼼히 신경 쓰는 모습을 정치와 행정 행위에서 자연스럽게 보이는 것이다.

국가의 성패를 가르는 결정적 요인은 지리적, 역사적, 인종적 조건이 아니라 제도다. 또 한 국가의 운명은 경제적 요인에 정치적 선택

이 더해질 때 완전히 달라진다. 국가의 빈부를 결정하는 것은 경제 제도지만, 그 국가의 경제 제도를 결정하는 것은 정치와 정치 제도다. 정치 및 경제 제도의 상호작용이 국가의 빈부를 결정한다.

그러나 뭐니 뭐니 해도 좋은 국가를 만드는 제일 요소는 '더 많은 민주주의' 다. 좋은 국가는 정치에 참여하는 좋은 시민들이 만든다. 시장에 권력이 넘어간 상태에서 국가는 구성원들에 대한 보호와 관련하여 아무것도 하지 않으려 한다. 그렇기에 일상에서 더 많은 민주주의를 통해 국가의 정책에 끊임없이 이견을 제기하는 시민들이야말로 효율성에 집착하는 국가가 구성원들의 보호라는 국가 본연의 임무를 잊지 않게 한다. 국가의 정책을 있는 그대로 굽힘 없이 지지하기보다 더 많은 이의 제기를 통해 국가에 자신의 임무를 다하도록 하는 것이야말로 좋은 국가를 만드는 최선의 길이다.

우리가 민주주의만으로 더 나은 세계를 만들 수 없을지는 모르겠지만, 그 세계를 만드는 데 없어서는 안 될 조건을 충족하고자 하는 것이 민주주의라는 사실은 분명하다. 무엇보다 민주주의가 소중한 이유는, 민주주의는 인간의 존엄을 짓밟는 숱한 야만의 체제에 반대하는 의지의 가장 강력한 표상이기 때문이다.

인간을 억압하는 야만의 체제를 넘어서는 데 필요한 최소한의 조건을 충족하려는 체제가 바로 민주주의다. 그 최소한의 요건이란 다름 아닌 '자유' 다. 여기에서의 자유란, 윤석열 정권이 입만 열면 외치는 시장의 자유, 자본의 자유가 아니다. 시장과 자본의 권력과 그 권력을 옹호하는 정치권력의 억압으로부터 개인의 자주권과 존엄을 지키려는 사상과 양심의 자유, 표현의 자유, 집회와 결사의 자유, 저항의 자유를 말한다.

이런 자유가 없고서는 더 나은 세상이란 없다. 그래서 '자유가 아니면 죽음을 달라' 고 한 외침은 세월이 가도 여전히 절실한 울림으로 남아 있다.

정치가 실종되면 일어나는 일

• • •

한 나라의 정치를 담당하고 있는 정당이 구조적으로 허약하면 선거는 물론이고 중요한 정치적 사안마다 명망이 높은, 다시 말해 여론조사 결과 지지율이 높은 한 개인에 의지하게 마련이다. 그리하여 그 한 개인에게 당이 휘둘리면 정치가 실종된다.

대통령 선거 때만 되면 거대 양당의 대통령 후보가 여론조사 지지율에 따라 요동친다. 당내에서 가장 유력한 후보라도 지지율이 낮으면 '영입' 이라는 명분으로 당 밖을 기웃거린다. 당 밖의 인물이 지지율이 올라 당선 가능성이 커지면 당의 국회의원들이 그쪽으로 확 쏠려 줄서기에 바쁘다. 그 인물이 당에 가입하기 전이든 말든 개의치 않는다. 지지율이 낮으면 평생을 당에 헌신해온 후보도 찬밥 신세가 된다. 국민의힘이 21대 대통령 선거 당내 경선을 이렇게 치렀다. 정당의 이념적 기반과 당원 조직이 허약해서 일어나는 일이다.

이러니 '대통령을 위한, 대통령에 의한, 대통령의 게임' 이 정당을 들러리로 세우고 정치를 먹어버린다. 정당이 지리멸렬하니 의회정치가 제대로 이루어질 리가 없고, 삼권분립이라는 민주주의의 가장 핵심적인 원리는 대통령의 권력 남용으로 누더기가 되고 만다. 대통령제라고 해서 그러는 게 아니다. '제왕적 대통령' 이라는 말도 대통령제 자체에 문제가 있어서 나온 말이 아니다. 정당이 허약해서 의회의 견제 기능이 약해진 탓에 권력이 남용되어서 생긴 일이다.

대통령제인 미국도 대통령의 힘이 세지만, 대통령의 권한이 선을 넘지 않고 남용되지 않도록 의회와 사법부가 그리고 무엇보다 언론이 충실하게 감시하고 견제한다. 법과 제도의 문제라면 중요한 의제는 대부분 의회에서 논의되고 결판이 난다.

다음은 1961년, 박정희 소장이 쿠데타를 일으키면서 발표한 포고문의 한 대목이다.

군부가 궐기한 것은 부패하고 무능한 현 정권과 기성 정치인들에게 이 이상 더 국가와 민족의 운명을 맡겨둘 수 없다고 단정하고, 백척간두에서 방황하는 조국의 위기를 극복하기 위한 것입니다.

반(反)정치주의를 불법 쿠데타의 명분으로 삼은 것이다. 1980년, 전두환 보안사령관의 쿠데타 때도 마찬가지였다. 윤석열도 '반국가 세력 척결'을 계엄령 선포의 명분으로 삼았다. 쿠데타 세력이 무력으로 정권을 장악한 뒤 가장 먼저 한 일은 모든 정치인의 정치 활동을 전면 금지한 것이다. 역시 윤석열도 포고령에 모든 정치인의 정치 활동을 전면 금지했다. 이처럼 쿠데타는 정치를 말살하고 민주주의를 파괴하는 폭력이다.

이들 쿠데타 세력은 군복을 벗고 대통령에 당선 뒤에도 정권 유지 수단으로 반정치주의를 십분 활용했다. 대통령인 자신은 법적으로 어떤 견제도 받지 않고 정치적으로 어떤 책임도 지지 않는 초월적인 존재로 군림하는 가운데 잘못된 일은 여야의 정쟁이나 국회 탓으로 돌렸다.

이런 반정치주의 작태에 재벌·관료·언론 등 기득권 세력도 차례차례 가세했다. 기득권 유지에 탁월한 효험을 보인 반정치주의는 마침내 기득권 세력 전체의 이데올로기로 자리 잡기에 이르렀다. 이렇게 유포된 반정치주의에 우리 국민 다수가 자신도 모르게 감염된 사실은 우리 민주주의의 미래에 치명적인 위협 요소가 될 수도 있다. '정치는 무조건 나쁜 것'이라는 주장, '국회가 아예 필요하지 않다'는 허무맹랑한 주장이 다 반정치주의가 퍼뜨린 바이러스다.

정치는 공동체의 문제를 말로 해결하기 위해 존재하는 시스템인

데, 반정치주의가 그 정치를 망가뜨린다. 정치가 망가지면 공동체 문제를 평화적으로 해결할 길이 없어진다. 그리하여 정치가 공동체 문제를 해결하지 못하게 되면 결국 민주주의가 무너지고 비선출 권력과 기득권 세력이 공동체를 '점령' 하여 '지배' 하게 된다. 정치가 사라진 자리에는 점령과 지배만 있을 뿐 합의와 동의는 필요가 없게 된다.

윤석열 정권이 그런 사실을 분명하게 보여주었다. 정치로 뽑힌, 즉 합법적인 정치제도에 따라 선출된 대통령 윤석열은 후보 시절부터 취임 후 3년이 지나 탄핵당하는 그 순간까지 일관되게 반정치주의 논리에 빠져 대통령이 권한을 반정치적으로 사용했다. 정치인의 옷을 입고 여전히 검사로 행세한 것이다. 그의 말을 듣고 있자면, '정치는 존재해서는 안 되는 악' 이라고 말하는 것 같다. 정치의 파괴를 넘어 정치를 악마화하고 있다는 혐의를 지울 수 없다. 그렇게 해서 노리는 이득은 뭘까? 무엇보다 여소야대 지형의 국회를 무력화하려고 그런 전략을 쓴 것 같다. 당시 제1당이자 야당 대표를 스스럼없이 범죄피의자로 호칭하고 법률을 무시한 시행령의 남발도 그것으로 설명이 된다.

법치는 그 정치를 제도로써 뒷받침하는 수단

. . .

헌법을 국가 지배의 근간으로 삼는 민주주의 국가에서 '법치'가 따로 존재하는 건 아니다. 법치는 이미 그 안에 국가 운영의 주된 수단으로 종속되어 있다. 민주주의가 제대로 작동하는 국가라면 당연히 정치가 활발할 것이고, 법치는 그 정치를 제도로써 뒷받침하는 수단에 불과하다. 그런데 굳이 이런 제목으로 글을 시작한 이유는, 검찰 정권이 들어서 국정을 농단하는 우리 현실에서는 '법치'가 정치를 뒷받침하는 종속 변수가 아니라 정치를 잡아먹는 지배 원리로 작동하고 있기 때문이다.

왜 이런 상황이 벌어진 걸까?

삼권분립이 지켜지지 않고 의회정치가 실종되는 등 민주주의가 제대로 작동하지 않기 때문이다. 민주주의는 제도가 마련되었다고 해서 완성형으로 존재하는 결정론적 체제가 아니다. 그 제도를 운용하는 주체들이 끊임없이 각성하고 애써 노력하는 가운데 겨우 유지되는 체제이다. 안이하게 방심하는 순간 민주주의는 언제라도 쉽게 멈추고 마는 바람 앞의 등불과도 같다. 얻기는 어려워도 잃기는 너무도 쉬운 것이 민주주의다.

'법치주의'라고 하면 사적 개인이나 집단 또는 폭력이 아닌 법이 지배하는 국가 원리로, 헌법에 명시된 민주주의의 근본 원리 중 하나다. 국민의 대의기관인 입법부가 제정하거나 최종 승인한 법에 따라 국가권력을 제한하고 통제함으로써 자의적인 지배를 배격하는 것이 바로 법치주의의의 핵심이다. 법치주의의 근원적 이상은 통치자의 자의에 의한 지배를 배제하고 합리적이고 공공적인 규칙에 따른 지배를 통해 공정한 사회체계를 확보하려는 데에 있다.

그러나 불행하게도 우리 정치계는 정치가 할 일을 툭하면 법의 판단에 의지하는 습관성 자기부정에 빠진 나머지 '법치'로 상징되는 전대미문의 검찰 정권을 탄생시키고야 말았다. 정치인들이 자진하여 검찰의 칼날 아래 자기 목을 내맡기고 만 것이다.

이처럼 법치의 개념을 우리 현실이 당면한 '정치 실종의 법치 만능주의'로 상정한다면 법치와 정치는 어떻게 다르고 그 거리는 얼마나 멀까?

"법치가 과거에 행해진 일을 다룬다면, 정치는 미래에 일어날 일을 다룬다."

사법기관과 의회에서 다루는 일의 차이는 이렇게 과거의 일과 미래의 일로 갈린다. 그런데 윤석열 정권 시절, 정치를 통해 미래를 다루어야 하는 대통령이 입만 열면 '법치'를 외치면서 정치를 부정하는 바람에 '선택적 공정'이라는 비아냥이 넘실거리고 '민주주의의 위기'라는 비탄이 터져 나왔다. 말이 곧 정치라는데, 대통령의 말은 갈수록 정치의 말에서 멀어졌다. 하기야 그는 야당이 다수인 의회를 수족처럼 부릴 수 없어서 아예 의회를 부정하다가 급기야는 파괴하려고 계엄령까지 발동했다.

법치니 정치니 하는 개념을 따지다 보니, 국가는 과연 뭔가라는 질문이 새삼스럽게 돋아난다. 세계에는 정치 체제만큼이나 다양한 형태의 국가가 있지만, 최고의 권위와 지배 권한을 갖는 조직이나 기구, 다시 말해 확보한 영토 안에서 폭력의 합법적 독점을 성공적으로 주장하는 유일한 인간 공동체라는 개념에서는 모든 국가가 공통될 것이다.

국가가 이와 같은 지위를 갖는 이유는, 다시 말해 국가에 이와 같은 지위가 필요한 이유는 영토 안에 있는 주권적 존재들의 신체적 안전과 인간적 권리를 보장하고 삶의 조건을 안정시키기 위한 토대와 기회를 제공하기 위해서이다. 개인들이 낱낱으로 확보하기 어려운 삶의 조건을 제공하고 수호하는 존재가 바로 국가의 역할이고 존재 이유다.

인간을 이기적인 존재라고 단정하지는 못하겠지만, 인간의 본성을 말한다면 아마도 이기적인 성향에 더 가까울 것이다. 그러므로 인간은 사적 영역에서 최대한의 자기 이익을 추구하는 존재일 수밖에 없다. 이런 인간의 욕망을 자연 상태로 내버려두면 인간세계는 정글의 법칙, 즉 약육강식의 야만 세계로 떨어지고 말 것이다. 이런 생각은 근대국가 탄생의 이념적 배경이기도 하다.

그러므로 공동체가 유지되고 발전하기 위해서는 그러한 사적 영역이 공적 영역의 공통가치, 즉 국가가 주도하는 공공성과 조화를 이뤄야 한다는 것이 국가의 존재를 긍정하는 가장 큰 이유다.

이때 사적 이익의 공적 조정 역할을 하는 것이 바로 정치다. 사적 이익과 공적 가치 사이에는 첨예하게 이해가 충돌하는 부분이 너무 많고 복잡해서 법으로는 다루는 데는 한계가 있다. 그래서 정치가 필요한 것이고, 법은 정치의 과정에서 개폐되거나 수정되기도 하면서 정치적 설득을 위한 하나의 카드로 사용된다.

정치 없이 법치를 내세워, 아니 빙자하여 부당한 사적 이익을 두둔하거나 공적 가치를 훼손하는 것은 민주주의가 아니다. 법치는 원래 민주주의를 떠받치는 주춧돌의 하나지만, 정치적 약세를 만회하기 위해 정치를 부정한 자리에 동원된 법치는 민주주의를 파괴하는 민주주의의 적일 수밖에 없다.

그렇다면 우리는 어떻게 해야 할까? 어떻게 정치를 살려 이런 일이 일어나지 않도록 할 수 있을까?

시민의 자격으로 정치에 적극적으로 참여하여 시민의 권리를 적극적으로 행사하는 길밖에 없다. 시민혁명을 비롯한 숱한 시민운동에서 볼 수 있듯이 민주 정치의 역사는 시민의 자발적 참여에 따라 자유와 권리를 쟁취하고 지켜온 역사다.

우리나라의 시민운동은 1980년대까지는 주로 정치 영역에 한정되어 권위주의 정권에 대한 저항의 성격이 컸다. 1990년대 이후에는 환경 보전, 인권 신장 등 다양한 영역에서 삶의 질 향상에 초점을 맞추어 활동해오고 있다.

사회의 공공 이익을 추구하는 사람들이 자발적으로 조직한 시민단체는 대의제가 지니는 민주주의의 문제점을 보완할 수 있는 대안으로 주목받고 있다. 시민단체는 사회적 연대를 통해 개인적인 정치 참여가 지니는 한계를 극복하고, 입법 과정에서부터 정책의 결정 및 집행에 이르기까지 일련의 정치과정에 직간접적인 영향력을 행사하여 시민의 의사에 기반을 둔 민주 정치를 실현하기 위한 활동을 전개한다.

"민주주의 최후의 보루는 깨어있는 시민의 조직된 힘입니다."

봉하마을 노무현 전 대통령의 묘석에 새겨진 문구다. 이는 노 전 대통령의 민주주의에 대한 생전의 철학을 함축한 말로, 시민의 참여 없는 민주주의는 존립할 수 없다는 뜻으로 읽힌다.

노무현 전 대통령은 특히 대통령 재임 동안 민주주의에 대한 주옥같은 어록을 남김으로써 끊임없이 시민의식을 각성시키고자 했다.

"성숙한 민주주의 사회, 국민이 주인인 사회로 가자면 책임 있는 정부, 책임 있는 언론, 책임 있는 국민이 돼야 한다. 시민 주권의 시대, 소비자 주권의 시대, 주권을 행사할 만한 의지와 역량 있는 시민이 돼야 한다"고 했으며, "주권자로서 시민이 지도자에 가까운 역량을 갖추어나갈 때 우리 민주주의는 성숙한 민주주의가 될 수 있는 것"이라고 했다.

또 "주권자의 참여가 민주주의의 수준을 결정할 것이다. 정치적 선택에 능동적으로 참여해서 주권을 행사하는 시민, 지도자를 만들고 이끌어가는 시민, 나아가 스스로 지도자가 되는 창조적이고 능동적인 시민이 우리 민주주의의 미래"라고 했으며, "나는 우리 국민의 역량을 믿는다. 마음만 먹으면 못 해낼 것이 없는 우리 국민"이라고 격려했다.

발행인 인터뷰

제가 꿈꾸는 관악의 방향은 단순하지만 분명합니다.
"생활의 불편을 줄이고, 삶의 만족을 키우는 도시."

[문] 의원님 고향은 어디입니까? 또 고향에 대한 특별한 추억이 있다면요?

▶ 저는 전라남도 곡성군 옥과면 무창리에서 5남 2녀 중 넷째로, 농부의 아들로 태어났습니다. 어린 시절에는 새벽부터 해 질 때까지 부모님을 도우며 농사일을 함께했는데, 그 시절이 제 인생에서 가장 힘들었던 시간이자 가장 큰 배움의 시기였습니다.

땀 흘려 일하는 부모님의 모습을 보며 '이렇게 고된 일을 하지 않아도 되는 세상을 만들고 싶다' 는 생각을 자연스레 품게 되었고, 그것이 지금의 저를 공직의 길로 이끈 계기가 되었습니다.

그래서 저는 언제나 시민 한 사람 한 사람이 조금 더 편하게, 인간다운 삶을 살 수 있는 사회를 만드는 것이 공직자의 가장 큰 책무라고 믿고 있습니다.

[문] 여수수산전문대 어업과를 나와 동원산업에서 선장까지 지내셨는데, 일찍이 마도로스의 꿈이 있었나요?

▶ 어릴 적부터 농사일을 도우며 자라다 보니, 늘 '이 고된 일을 벗어나고 싶다' 는 생각이 있었습니다. 고등학교 시절부터 어떤 일을 해야 더 안정된 삶을 살 수 있을지 고민이 많았죠. 그러던 중 우연히 수산전문학교를 알게 되었고, 배를 타는 일은 수입도 좋고 가족에게 경제적 여유를 줄 수 있다는 이야기를 들었습니다. 그래서 마도로스의 낭만보다는 가족을 위해 안정된 삶을 꿈꾸며 현실적인 선택으로 바다의 길을 택했습니다. 다행히 그 경험이 제 인생의 큰 자산이 되었고, 세계 여러 바다를 누비며 사람과 사회를 보는 눈, 그리고 책임감과 리더십을 배우는 계기가 되었습니다.

[문] 선장은 언제까지 하셨고, 2006년 지방선거에 나서기 전까지 어떤 경력을 쌓으셨는지요? 또 그때 정치에 도전하신 계기가 있었는지요?

▶ 1980년 여수수산전문대를 졸업하고 해기사 면허를 취득한 뒤 곧바로 선박에 승선해 항해사로 생활을 시작했습니다. 실습 항해사, 2등 항해사, 1등 항해사를 거쳐 1991년에는 동원산업(주) 참치잡이선 제808 동원호 선장으로 승선하며 본격적인 선장 생활을 시작했습니다. 1993년 12월 하선을 끝으로 10여 년의 바다 생활을 마무리하고 육지에 정착하게 되었습니다.

이후 1994년 5월, 관악구 봉천동 봉천역 인근에 '로얄 보석' 이라는 보석점을 열어 새로운 인생을 시작했습니다. 사업을 하며 지역 주민들과 가까이 지내다 보니 자연스럽게 봉사활동에도 참여하게 되었고, 은천동의 여러 관변단체와 지역 모임에서 주민들의 크고 작은 민원을 함께 고민하며 지역 일에 발을 들이게 되었습니다.

특히 동백산악회 회장을 맡아 회원들과 교류하며 지역사회를 이끌어가는 과정에서 "이웃을 위해 더 큰 일을 해보라" 는 주변의 권유를 받게 되었고, 그것이 제가 2006년 지방선거에 도전하게 된 직접적인 계기였습니다. 결국, 제 정치의 출발점은 주민 속에서 함께 살아온 경험과 이웃을 위한 봉사의 연장선이었습니다.

[문] 2006년에 낙선한 이후 4년간 어떻게 보내며 절치부심하셨는지요?

▶ 2006년 첫 선거는 결코 쉽지 않았습니다. 열린우리당 소속으로 최선을 다해 뛰었지만, 당시 정치적 흐름과 여러 외부 변수 속에서 아쉽게 뜻을 이루지 못했습니다. 그러나 낙선의 경험이 오히려 제게는 큰 공부가 되었습니다.

선거 이후 저는 주민들을 다시 찾아다니며, 제가 부족했던 점이 무엇이었는지를 스스로 묻고 채워가는 시간을 가졌습니다. 지역의 크고 작은 행사와 봉사 현장을 빠짐없이 다니며, 한 분 한 분의 목소리에 귀 기울였습니다. 그 과정에서 '정치는 표보다 신뢰로 하는 일' 이라는 깨달음을 얻었습니다.

2009년에는 오랫동안 운영하던 '로얄보석' 을 정리하고, 2010년 선거에 모든 것을 걸겠다는 각오로 임했습니다. "이번이 마지막이라는 마음으로, 주민이 부르면 언제든 달려가는 사람이 되겠다" 는 다짐으로 매일 현장을 누볐습니다. 그렇게 진심을 담아 주민 곁을 지키다 보니, 2010년에는 많은 분의 신뢰와 지지를 받아 구의원으로 당선될 수 있었습니다.

[문] 2010년 지방선거에서 관악구의회 의원에 당선되셨는데, 낙선한 지역에 재도전하여 당선된 이유는 뭐라고 생각하신지요?

▶ 2006년 낙선 이후 4년 동안 저는 단 한 번도 지역을 떠난 적이 없습니다. 선거가 끝난 다음 날부터 다시 주민 속으로 들어가, 일상적인 삶의 현장에서 함께 울고 웃으며 신뢰를 쌓아왔습니다. '선거를 위한 정치가 아니라, 사람을 위한 정치를 하겠다'는 진심이 그 시간 동안 저를 지탱했습니다.

특별한 전략이 있었다기보다는, 늘 같은 자리에서 주민들과 함께했던 일상이 저를 다시 선택하게 한 가장 큰 이유라고 생각합니다. 새벽 시장에서도, 경로당에서도, 동네 골목에서도 주민들이 먼저 이름을 불러주실 때마다 "이제는 믿을 수 있는 사람으로 봐주시는구나" 하는 확신이 들었습니다.

또 저는 2006년 실패를 통해 '정치는 약속의 무게를 견디는 일'이라는 사실을 배웠습니다. 그래서 2010년 선거에서는 화려한 공약보다 주민 곁을 지키는 구의원이 되겠다는 약속을 드렸고, 그 진심이 통했다고 생각합니다.

[문] 숭실사이버대학교에서 사회복지학을, 중앙대학교 대학원에서 의회학을 전공하신 계기 또는 특별한 이유가 있나요? 그리고 이 공부가 의회 활동에서 어떤 도움이 되었는지요?

▶ 관악구에서 사회활동과 의정 생활을 하면서 경제적으로 어렵고, 사회적 소외된 분들을 만났습니다. 복지의 사각지대에 놓인 분들, 특히 경증 장애인이나 홀로 지내는 어르신들을 만나서 소통하였을 때, 그분들을 제대로 이해하고 돕기 위해서는 마음만으로는 한계가 있었습니다. 그래서 보다 체계적으로 복지를 공부하고 싶다는 생각으로 숭실사이버대학교에서 사회복지학을 전공하게 되었고, 사회복지사 2급 자격을 취득했습니다.

복지정책이 단순히 '도움을 주는 제도'가 아니라 '사람의 존엄을 지키는 사회의 기초'라는 사실을 깨달았습니다. 그 경험이 이후 장애인단체, 지역아동단체, 그리고 취약계층 주민들을 위한 세부 정책을 만드는 데 큰 밑거름이 되었습니다.

또 중앙대학교 대학원에서 의회학을 전공한 것은, 정책을 더 깊이 있게 다루고 의정의 본질인 '의사결정과 거버넌스'를 체계적으로 이해하기 위해서였습니다. 이 두 공부를 통해 저는 주민의 목소리를 제도 속에 담아내는 방법을 배웠고, 현장과 제도를 연결하는 실천형 정치인으로 성장할 수 있었습니다.

[문] 2010~2017년 8년간 기초의회 의원으로 활동하시면서 가장 기억에 남는 일 또는 가장 보람을 느낀 일 몇 가지를 꼽는다면요?

▶ 2010년 구의원으로 처음 당선되어 의정활동을 시작한 지 두 달쯤 지났을 때, 우연히 지역아동센터 심의위원으로 위촉되어 첫 회의에 참석하게 되었습니다. 회의가 끝난 뒤, 문 앞에서 지역아동센터 관계자분들이 "아이들이 공부할 수 있는 환경이 너무 열악하다" 며 예산지원을 호소하셨습니다. 당시 저는 예산 구조를 잘 몰라 바로 답을 드리지 못했고, 의회로 돌아와 재선의원에게 도움을 구했습니다. 그때 처음으로 지역아동센터가 경제적으로 얼마나 어려운 여건 속에서 아이들을 돌보고 있는지를 알게 되었죠.

그 일을 계기로 담당 부서와 여러 차례 논의를 거듭하며 예산을 증액해 지원할 수 있었고, 실제로 아이들의 학습환경이 개선되는 모습을 보며 큰 보람을 느꼈습니다. '한 사람의 목소리가 정책이 될 수 있다' 는 사실을 처음 실감한 순간이었습니다.

또 하나 기억에 남는 일은 관악구 청소 문제 해결을 위해 청소특별위원회위원장으로 활동했던 일입니다. 당시 관악구는 청소대행업체와 행정 간의 갈등이 깊었지만, 저는 그것을 단순한 행정 문제로 보지 않고 협력의 문제로 접근했습니다. 대행업체도 결국은 구민의 삶의 질을 함께 책임지는 동반자라는 인식 아래, 상호 신뢰를 기반으로 제도를 개선하고 효율적인 청소 체계를 만드는 데 힘썼습니다.

돌이켜보면 그 시절의 경험들이 저를 '현장을 아는 정치인', 그리고 주민의 불편을 정책으로 풀어내는 사람으로 성장시킨 중요한 밑거름이 되었습니다.

[문] 관악구 재선의원으로서 서울시 광역의원에 도전하여 당선되어 8년간 시의회 활동을 해오고 계신데, 기초의원과 차이가 있다면요?

▶ 기초의회에서 8년간 활동하며 예산과 정책을 누구보다 꼼꼼히 공부했습니다. 그러나 관악구는 서울에서도 재정이 가장 열악한 지역 중 하나로, 예결 위원장을 맡았을 때조차 제 지역 예산으로 1,000만 원조차 확보하기 어려운 현실을 직접 체감했습니다. 그래서 '보다 넓은 재정 권한을 가진 서울시로 가야, 관악구에 실질적인 변화를 가져올 수 있다'는 확신이 생겼고, 그 신념으로 광역의원에 도전했습니다.

서울시의회에 입성한 뒤에는 그 목표를 현실로 만들기 위해 노력했습니다. 2022년 관악구가 집중호우로 특별재난지역으로 선포되었을 때, 저는 서울시 도시안전건설위원장이자 재난지원금 심의위원으로서 현장 복구와 지원에 직접 참여했습니다. 당시 침수 피해 가구당 지원금이 100만 원에 불과했는데, 제가 상임위에서 제안하고 조정하여 200만 원으로 상향시킬 수 있었습니다. 또 도림천 복원 사업 예산 230억 원을 확보해, 제 임기 중 복원사업을 성공적으로 마무리할 수 있었습니다.

아울러 봉천천 복원 사업도 단계별로 추진 중입니다. 도시안전건설위원장 시절, 물순환국장과 치수안전과장 등과 협의하여 봉천천을 3개 구간으로 나누고 1단계로 도림천 합수부~당곡사거리 구간 개발을 우선 추진하기로 했습니다. 당시 450억 원의 예산을 확보해 서울시 투자심사에 올렸고, 재활용센터 부지 및 보라매공원 지하 연계 개발 방안을 함께 검토 중입니다. 2026년 투자심사 통과 후 착공을 목표로 하고 있습니다.

또 교통위원회로 상임위를 옮긴 뒤에는 관악구의 고질적인 주차난 해소에 집중했습니다. 서림동 해태어린이공원 지하공영주차장 사업을 서울시 예산에 반영시켜 실시설계비 3억 원을 확보했고, 은천동 상도근린공원 지하공영주차장은 제가 2019년 교통위원으로서 종잣돈 10억 원을 마련해 둔 덕분에 현재 공사가 마무리 단계에 있습니다. 대학동 공영주차장 사업 또한 서울시의 신규 예산지원이 어려운 상황이었지만, 상임위 설득을 통해 10억 원과 실시설계비를 확보해 사업이 차질 없이 추진 중입니다.

이처럼 광역의원은 정책과 예산을 연결해 지역의 실질적 변화를 만들어내는 자리입니다. 기초의회가 주민의 목소리를 듣는 곳이라면, 시의회는 그 목소리를 실제 정책과 예산으로 바꾸는 곳이죠. 저는 지난 8년간 그 역할을 충실히 수행하기 위해 현장에서 답을 찾고, 중앙과 지방을 잇는 가교 역할을 해왔습니다.

[문] 제11대 서울시의회는 국민의힘이 111석 중 3분의 2가 넘는 75석으로 절대다수인데, 민주당 의원으로서 고충을 몇 가지 든다면요?

▶ 현재 서울시의회는 국민의힘 정당이 절대다수를 차지하고 있는 구조로, 의사결정의 방향이 한쪽으로 쏠리기 쉬운 환경입니다. 민주당 소속 의원으로 활동하면서 느낀 점은, 무엇보다 정책의 내용이 아무리 좋아도 정당 간의 벽을 넘기 어렵다는 한계입니다. 시민의 이익을 위해 제안한 정책이 정치적 해석에 묻혀 논의조차 되지 못할 때, 가장 안타깝습니다.

하지만 저는 그 속에서도 늘 '정치보다 실질' 을 우선해 왔습니다. 다수결 구조 속에서도 협의와 설득, 꾸준한 대화로 현안을 풀어가는 것이야말로 진정한 행정의 기본이라고 생각합니다. 실제로 교통위원회 활동 중에도 소속 정당을 떠나 교통안전, 주민 불편 해소, 지역 인프라 확충과 같은 생활 현안에서는 충분히 협력할 수 있음을 확인했습니다. 이런 경험은 향후 구정을 맡게 되더라도 중요한 자산이 될 것입니다.

소수당의 위치에 있다고 해서 할 수 없는 것은 없습니다. 오히려 그 안에서 더 치밀하게 자료를 준비하고, 더 넓게 시민의 목소리를 듣고, 더 설득력 있게 정책을 제시하는 과정을 배웠습니다. 저는 그런 과정을 통해 행정의 현실을 몸으로 익혔고, 정치적 계산이 아니라 시민의 필요를 중심에 두는 리더십이 왜 중요한지를 체감했습니다.

결국, 중요한 것은 시민과 얼마나 소통하고 신뢰를 얻느냐의 문제입니다. 앞으로도 저는 협치를 통해 갈등을 조정하고, 현실적인 대안을 만들어내는 정치인이 되고 싶습니다. 그리고 구청장에 선출된다면 시의회에서 익힌 그 협의와 설득의 경험을 살려, 정치보다 행정이 앞서는 구정, 주민이 체감할 수 있는 변화의 행정을 만들어가겠습니다.

[문] 민주당 의석 35석으로 서울시와 국민의힘의 독단에 대해 어떻게 대처해왔는지요?

▶ 제11대 서울시의회는 민주당이 35석으로 줄어들면서 다수당의 힘이 절대적으로 작용하는 구조가 되었습니다. 그만큼 의정활동의 환경이 쉽지 않은 게 사실입니다. 그러나 저는 '의석수의 정치' 보다 '내용의 정치' 를 지향해왔습니다. 다수가 밀어붙이는 방식의 행정과 의정에 맞서는 가장 효과적인 방법은 감정적 대립이 아니라 논리와 데이터, 그리고 시민의 공감이라고 생각합니다.

현, 서울시장 그리고 국민의힘 다수 의원들의 독단적 결정이 예상되는 사안일수록, 저는 오히려 더 치밀하게 준비하고 현장의 목소리를 근거로 삼았습니다. 단순히 반대를 위한 반대가 아니라, 실제로 시민의 불편과 행정의 비효율을 데이터로 제시하면 여당 의원들도 쉽게 무시하지 못합니다. 예를 들어 교통위원회에서 다뤘던 여러 현안(공영차고지 이전, 장애인 콜택시 배분 문제, 버스준공영제 개선 등)에서는 수차례 협의를 통해 일부라도 제안이 반영되도록 만들어왔습니다.

저는 정치는 결국 협력의 기술이라고 믿습니다. 서울시가 다수의 힘으로 정책을 밀어붙일 때도, 그 안에서 타협의 여지와 현실적 대안을 찾아내는 게 진짜 정치력입니다. 다른 정당이 추진하는 사업이라도 시민의 이익에 부합한다면 협력하고, 불합리한 부분은 근거를 통해 조정해 왔습니다.

결국, 중요한 것은 정당의 색깔이 아니라 시민의 삶을 중심에 두는 자세로 임기 내내 서울시의 정책을 꼼꼼히 점검하고, 행정의 일방통행을 견제하며, 합리적 대안을 제시해왔습니다. 앞으로 당선된다면 구청장으로서도 이러한 경험을 바탕으로 정쟁보다 실용, 대립보다 협치의 행정을 실현하겠습니다. 시민과의 신뢰를 기반으로, 어떤 구조 속에서도 흔들리지 않는 상식과 균형의 정치를 이어가겠습니다.

[문] 제10대 서울시의회에서는 민주당이 100석에 이르는 절대다수를 차지했는데, 그때의 다수당인 민주당과 현재의 다수당인 국민의힘의 의회 운영 태도를 비교한다면요?

▶ 제10대 서울시의회 당시에는 민주당이 100석 가까운 절대다수를 차지하고 있었고, 지금의 제11대 의회에서는 국민의힘이 같은 위치에 서 있습니다. 양 시기의 차이를 비교해 보면, 단순히 다수당이냐 소수당이냐의 문제가 아니라 '다수를 어떻게 운영하느냐', 그리고 '소수의 목소리를 얼마나 존중하느냐'의 문제로 볼 수 있을 것 같습니다.

민주당이 다수당이던 시절에는 내부에서도 "시민의 대의기관으로서 균형 있는 논의 구조를 유지해야 한다"는 자성의 목소리가 많았습니다. 실제로 상임위별로 국민의힘 의원들의 제안을 반영하거나, 조례안 심사 과정에서 실무 중심의 협의를 이어가는 경우가 많았습니다. 정치적 이견은 있었지만, 기본적으로는 '행정 견제'와 '협력 통로'가 함께 작동하는 구조였습니다.

반면, 지금의 의회는 국민의힘이 절대다수를 차지하고 있음에도 불구하고, 종종 절차보다 속도, 협의보다 힘의 논리로 의회가 운영되는 모습을 볼 때가 있습니다. 특정 안건이 충분한 논의 없이 상정·의결되는 경우나, 시민의 이익과 직결된 조례안이 정치적 이유로 보류되는 사례들이 그 예입니다. 의회의 존재 이유가 행정의 동반자이자 견제자에 있다는 점을 감안하면, 다수당일수록 더 포용적이고 절제된 리더십을 보여야 한다고 생각합니다. 물론 어느 정당이든 다수의 책임은 무겁습니다. 저 역시 과거 민주당이 다수당이었을 때 그 책임을 실감했고, 지금은 소수당의 입장에서 합리적 비판과 대안 제시를 통해 의회의 균형을 바로세우는 역할을 하고 있습니다.

결국, 중요한 것은 '누가 다수냐'가 아니라, '다수가 어떻게 다수를 운영하느냐'입니다. 시민의 신뢰는 힘으로 얻어지는 것이 아니라, 공정한 절차와 진정성 있는 협치를 통해 쌓이는 것이라 믿습니다.

[문] 현재 교통 문제에 대해 활발한 의정활동을 펼치고 계신데, 교통위원회 소속인 점이 작용한 것인지요?

▶ 교통위원회에서 활동하면서 현장의 문제를 직접 보고 듣는 기회가 많았던 것이 큰 도움이 되었습니다. 교통은 단순한 인프라의 문제가 아니라 시민의 일상과 삶의 질을 좌우하는 분야입니다.

버스 한 노선의 변경, 공영주차장 하나의 확충, 교통약자 이동편의 개선 같은 사안이 주민의 생활에 얼마나 큰 영향을 미치는지를 현장에서 체감했습니다. 그런 경험이 제 의정활동의 방향을 더욱 분명하게 만들었습니다.

교통위원회 소속으로 활동하면서 저는 '시설보다 사람 중심의 교통정책'을 강조해왔습니다. 예를 들어, 단순히 도로를 넓히거나 주차장을 짓는 데 그치는 것이 아니라, 보행 안전 · 대중교통 접근성 · 환경적 지속가능성이 함께 고려되어야 한다고 생각합니다. 그래서 장애인 콜택시 배분 문제, 마을버스 노선 개선, 공영차고지 이전 등 현안에서 늘 시민의 시선에서 접근하려 노력했습니다.

또 교통 문제는 행정과 의회, 그리고 시민이 함께 풀어야 하는 과제입니다. 교통위원회에서의 경험을 통해 저는 의정의 설득력은 현장에 답이 있다는 것을 배웠습니다. 단순히 제도적 문제를 지적하는 데 그치지 않고, 직접 찾아가 주민들의 불편을 듣고, 행정과 조율해 현실적인 대안을 찾아왔습니다.

결국, 교통위원회에서의 활동은 제게 단순한 의정 경험을 넘어, 현장을 중심으로 정책을 설계하는 감각을 키워주었습니다. 앞으로 구정을 맡게 된다면, 이런 경험을 토대로 주민의 이동권과 안전을 최우선으로 하는 사람 중심의 교통 행정을 펼쳐나가고 싶습니다.

[문] 대표적으로 전기차 화재 예방 대응 방안 마련, 노사 갈등의 요인이 된 버스준공영제 사전확정제도 도입 재검토, 지하철 9호선 인력 부족 문제 해소, 장애인 콜택시 정책 중단 문제 해결, 서부선 사업 재개 등에 열정을 쏟고 계신데, 현재 진척 상황과 미래 전망을 말씀하신다면요?

▶ 전기차 화재 예방 대응 방안 마련, 버스준공영제 사전확정제도 재검토, 9호선 인력 부족 문제, 장애인 콜택시 운영 개선, 서부선 사업 재개 등은 모두 시민의 안전과 생활 편의에 직결된 현안입니다. 저는 이 문제들을 단순히 개별 사안이 아니라, 서울 교통체계 전반의 구조적 문제로 보고 접근해왔습니다.

먼저 전기차 화재 대응 문제는 새로운 기술이 가져온 편리함만큼, 안전 시스템이 뒷받침되어야 한다는 점에서 중요합니다. 전기버스와 택시가 급격히 늘고 있는 만큼, 배터리 안전 점검과 화재 시 대응 매뉴얼 구축이 시급합니다. 그래서 관련 부서 간 협력 체계를 정례화하고, 정기 진단 시스템을 마련하도록 지속적으로 요구해 왔습니다.

버스준공영제의 사전확정제도는 노사 갈등의 주요 원인으로 지적되어

왔습니다. 제도 자체의 취지는 공공성을 강화하는 데 있지만, 실제 현장에서는 운수업계와 노동계 모두 불만이 쌓여 있는 상황입니다. 저는 일방적인 행정 결정이 아니라, 노조 · 업계 · 시민단체가 함께 참여하는 공론화 협의체를 통해 합리적 보완책을 도출해야 한다고 주장해 왔습니다.

지하철 9호선의 인력 부족 문제는 서울 서남권 시민의 안전과 직결된 문제입니다. 민간 위탁 구조의 한계를 극복하기 위해, 인력 충원과 근무 여건 개선을 병행해야 한다는 점을 지속적으로 제기했습니다. 서울시도 현재 관련 예산과 인력 계획을 재조정 중이며, 일정 부분 개선의 흐름이 보이고 있습니다.

장애인 콜택시 배분 문제는 단순한 행정 효율의 문제가 아니라 교통 복지의 기본권과 맞닿아 있습니다. 지역 간 형평성, 배차의 투명성, 운영위원회의 공정성 확보가 핵심 과제였고, 서울시가 현재 개선안을 마련 중입니다. 무엇보다 중요한 것은 이용자의 목소리가 반영되는 구조를 만드는 일이라고 생각합니다.

마지막으로 서부선 사업은 서울 서남권의 교통 불균형을 해소할 핵심 프로젝트입니다. 일부 행정 절차의 지연이 있었지만, 국토부 협의가 재개되면서 사업이 다시 속도를 내고 있습니다. 이 노선이 단순한 교통 인프라가 아니라, 지역경제와 생활권을 연결하는 '균형발전의 축'이 되도록 끝까지 챙기고 있습니다.

결국, 교통정책의 본질은 '속도' 보다 '방향' 이라고 생각합니다. 시민이 체감할 수 있는 변화를 만들기 위해서는 행정의 일방통행이 아니라, 현장의 문제를 끝까지 듣고 조율하는 인내가 필요합니다. 저는 지금까지 그래왔듯이, 정책의 중심을 시민의 안전과 이동권에 두고 한 걸음씩 실질적인 변화를 만들어가겠다는 각오로 임하고 있습니다.

[문] 서울시 버스 사업 관련 부채가 1조 원에 육박한 점을 지적하셨는데, 해법이 있다면요?

▶ 서울시 버스 사업의 누적 부채가 1조 원에 이른다는 것은 단순한 재정 문제를 넘어, 준공영제 전반의 구조적 한계를 보여주는 신호라고 생각합니다. 버스는 시민의 발이자 대중교통의 근간이지만, 현재 제도는 수입 구조와 운영 효율이 제대로 맞물리지 않아 재정 부담이 계속 누적되고 있습니다.

저는 이 문제의 핵심을 "돈을 얼마나 쓰느냐" 가 아니라 "그 돈을 어디에 어떻게 쓰느냐" 에 두고 봅니다. 버스준공영제가 도입된 이유는 공공성을 확보하기 위한 것이지만, 지금은 회계의 투명성 부족과 비용 구조의 비효율이 가장 큰 문제입니다. 따라서 **첫 번째 해법은 서울시와 버스 운송 사업자 간의 계약 구조를 재점검하고, 노선별 수입 · 지출 · 보조금 내역을 투명하게 공개하는 것입니다.** 시민의 세금이 투입되는 만큼, 정보의 공개와 관리체계의 투명성이 전제되어야 합니다.

두 번째는 '무조건적인 보조금'에서 '성과 기반 지원'으로 전환하는 것입니다. 현재는 운행 실적이나 서비스 품질에 상관없이 동일하게 지원되는 구조지만, 앞으로는 안전 운행, 이용률, 배차 준수율 등 객관적 지표를 기반으로 인센티브를 차등화해야 합니다. 이를 통해 시 재정의 부담을 줄이면서도 서비스 질을 높일 수 있습니다.

세 번째는 인력 구조 개선입니다. 버스 업계의 고질적인 인력난과 이직률 문제는 결국 인건비 상승으로 이어지고, 이는 재정 부담의 주요 원인이 됩니다. 서울시가 직접적인 임금정책에 개입하기보다는 근무 환경 개선, 운전자 복지 확충, 노동 시간 유연화 등 근본적 대안을 마련해야 합니다.

마지막으로는 노선 효율화입니다. 일부 중복 노선, 수요 대비 과잉 운행 구간에 대한 조정이 필요합니다. 단, 감축이 아니라 시민 불편을 최소화하면서 재정 효율을 높이는 방향의 조정이 되어야 합니다. 교통 수요 분석 데이터를 기반으로 노선을 재편성하고, 지역별 균형을 고려한 맞춤형 운행 체계를 구축하는 것이 바람직합니다.

결국, 버스 부채 문제는 단순히 '적자 보전'으로는 해결되지 않습니다. 공공성과 효율성의 균형을 바로 세우는 제도 개혁, 그리고 시민이 신뢰할 수 있는 투명한 운영체계가 필요합니다. 저는 이 문제를 단기적 재정 이슈가 아니라, 서울 교통 시스템의 지속가능성을 확보하기 위한 구조 개편 과제로 보고 있습니다.

[문] 특별히 존경하는 역사 인물이 있는지요? 있다면 그 이유는요?

▶ 제가 가장 존경하는 인물은 정조대왕입니다. 정조는 단순히 유능한 군주가 아니라, 개혁의 화신이자 실천적 리더십의 상징이었습니다. 그는 규장각을 설치해 젊고 유능한 학자들을 등용하고, 이를 단순한 학문 기관이 아니라 정치 개혁의 중심 센터로 발전시켰습니다. 출신이 아닌 능력으로 사람을 발탁하고, 실질적인 탕평 정치를 통해 조선의 새로운 질서를 만들어냈습니다.

무엇보다 정조대왕은 이념에 머무르지 않고 개혁의 뜻을 행동으로 옮긴 실천형 지도자였습니다. 저 역시 정조대왕처럼 현실 속에서 변화를 만들어내는 정치인, 즉 말보다 행동으로 개혁을 실현하는 리더가 되고 싶습니다.

[문] 특별히 존경하는 정치인이 있는지요? 있다면 그 이유는요?

▶ 제가 가장 존경하는 정치인은 김대중 대통령입니다.

김대중 대통령께서는 고난과 역경 속에서도 결코 민주주의의 가치를 포기하지 않으신 분이었습니다.

"지방자치가 곧 민주주의다"라는 말씀처럼, 시민이 스스로의 삶을 결정하는 진정한 자치의 토대를 만드신 분이라고 생각합니다.

1988년 지방자치법 전면 개정 이후에도 제도적 시행이 미뤄지는 가운데, 김대중 총재는 1990년 10월, 거대 여당의 독주를 막기 위해 13일간의 단식투쟁을 감행하셨습니다. 그 결단으로 1991년 지방의회 선거가 부활했고, 1995년 6월 27일에는 마침내 지방자치단체장 직선제가 실현되었습니다.

이 역사는 우리 모두가 지금 지방정치의 현장에서 일할 수 있게 된, 민주주의의 뿌리이자 시작점입니다. 저 또한 그 정신을 이어받아 '생활 속 민주주의', 즉 주민이 주인인 자치행정을 실현하기 위해 구청장 선거에 도전하고자 합니다. 김대중 대통령께서 중앙에서 민주주의의 문을 여셨다면, 저는 지역에서 민주주의의 꽃을 피우는 일을 하고 싶습니다.

주민 한 분 한 분이 정책의 대상이 아니라 정책의 주체로 참여할 수 있는 행정, 그리고 어려움이 있을 때 가장 먼저 손을 내미는 따뜻한 자치의 공동체를 만드는 것이 제가 꿈꾸는 구청장의 모습입니다.

[문] 삶에서 정치인 송도호와 한 집안의 가장으로서 송도호, 그리고 개인 송도호의 균형을 어떻게 이뤄가고 계신지요?

▶ 솔직히 말씀드리면, 제 삶에서 정치인 송도호는 '일에 미친 사람'이라는 말이 어울릴 것 같습니다. 주민 민원이든 지역 현안이든, 한번 맡은 일은 반드시 해결될 때까지 붙잡습니다. 해결이 어렵더라도 그 이유를 주민께 직접 설명하고 양해를 구합니다. 그렇게 일에 몰두하다 보면 밤늦게까지 현장을 다니는 날이 많고, 늘 새로운 과제를 떠올리며 잠이 드는 편입니다.

그렇다 보니 한 집안의 가장으로서의 송도호는 늘 부족합니다.

가정에 온전히 신경 쓰지 못한 시간들이 많아 아내에게 미안한 마음이 큽니다. 정치가 제게 맡겨진 사명이자 책임이지만, 가족의 희생 위에 서 있다는 사실을 늘 잊지 않으려 합니다.

마지막으로 개인적인 송도호는 솔직히 '재미없는 사람' 일 겁니다. 정치를 하면서 자연스럽게 나보다 남을 먼저 생각하는 습관이 몸에 밴 탓에, 제 개인의 여유나 취미는 많이 내려놓고 살고 있습니다. 하지만 그만큼 사람을 이해하고 배려하는 마음은 더 커졌다고 생각합니다. 정치인으로서의 제 삶은 완벽할 수 없지만 적어도 누군가의 어려움을 외면하지 않는 사람, 그리고 가족과 주민 모두에게 부끄럽지 않은 사람으로 남고 싶습니다.

[문] 정치인으로서 앞으로의 여정과 남은 꿈이 있다면요?

▶ 지난 16년 동안, 저는 관악구의 발전을 위해 한길만 걸어왔습니다. 8년간의 구의원, 8년간의 시의원 생활을 통해 지역의 크고 작은 현안을 몸으로 겪었고, 특히 예산을 누구보다 잘 이해하고 다뤄온 것이 제 가장 큰 강점이라고 생각합니다. 서울시의회 도시안전건설위원장으로 재임하며 도림천 복원 사업 예산 230억 원을 확보해 공사를 성공적으로 마무리할 수 있었고, 주민 생활과 직결된 공영주차장 확충 사업에도 온힘을 기울였습니다.

은천동 공영주차장은 내년 완공을 앞두고 있고, 서림동 해태어린이공원 지하공영주차장과 대학동 공영주차장 역시 서울시 예산 확정과 실시설계비 지원을 이끌어내며 본궤도에 올랐습니다.

이처럼 오랜 의정활동을 통해 정책의 흐름과 행정의 구조를 누구보다 깊이 이해하게 되었습니다. 이제는 그 경험과 역량을 바탕으로, 무엇보다 '주민과의 소통'을 출발점으로, 주민의 목소리가 곧 정책이 되고, 구민 모두가 "살기 좋아졌다"고 체감할 수 있는 행복한 관악구를 만드는 일이 유일한 저의 꿈입니다.

별일 없어도 읽습니다

노충덕 지음
312쪽 | 18,000원

걷다 느끼다 쓰다

이해사 지음
364쪽 | 15,000원

내 글도 책이 될까요?

이해사 지음
320쪽 | 15,000원
(2021 우수출판콘텐츠 선정작)

누구나 쉽게 작가가
될 수 있다

신성권 지음
284쪽 | 15,000원

독한 시간

최보기 지음
248쪽 | 13,800원

배움은 어떻게 내것이 되는가

박성일 지음
212쪽 | 16,000원
(2021 텍스트형 전자책 · 오디오북
제작 지원 선정)

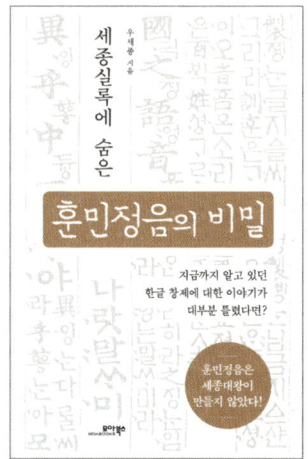

세종실록에 숨은
훈민정음의 비밀

우세종 지음
268쪽 | 19,800원

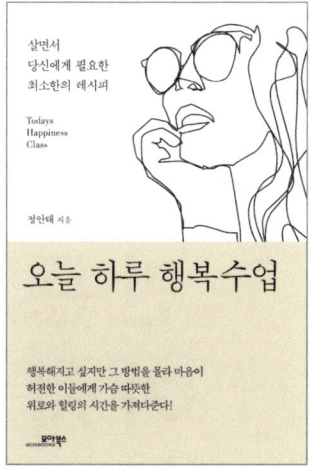

오늘 하루 행복수업

정안태 지음
208쪽 | 18,000원

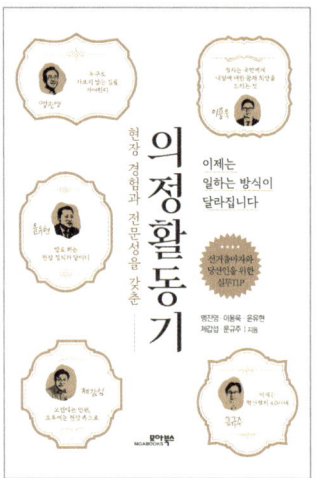

의정활동기

맹진영 · 이용욱 · 윤유현 · 제갑섭 ·
문규주 지음
292쪽 | 20,000원

지속 가능한 정책

박진우 지음
344쪽 | 23,000원

정책이 만든 가치

박진우 지음
320쪽 | 22,000원
(2022 세종도서 교양부문 선정)

내 손을 잡아줘

김선우 지음
264쪽 | 20,000원

정부의 예산, 결산 분석과 감시

조일출 지음
264쪽 | 20,000원

미래예보

정호준 지음
280쪽 | 20,000원

노동정책의 배신(양장)

김명수 지음
304쪽 | 22,000원
(2021 텍스트형 전자책 제작 지원 선정)

금융에 속지마

김명수 지음
280쪽 | 17,000원

법에 그런 게 있었어요?

강병철 지음
400쪽 | 15,000원
(2021 텍스트형 전자책 제작 지원 선정)

유죄vs무죄

곽동진 지음
260쪽 | 16,000원
(2021 텍스트형 전자책 제작 지원 선정)

행복한 노후 매뉴얼

정재완 지음
500쪽 | 30,000원
(2022 세종도서 교양부문 선정)

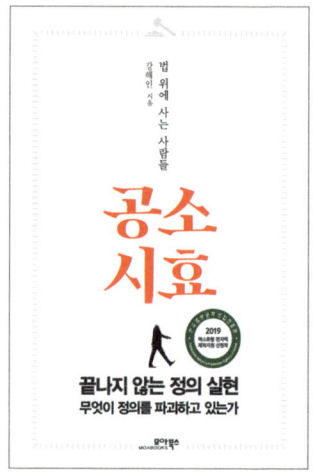

공소시효

강해인 지음
216쪽 | 15,000원
(2019 텍스트형 전자책 제작 지원 선정)

당신이 생각한 마음까지도 담아 내겠습니다!!

책은 특별한 사람만이 쓰고 만들어 내는 것이 아닙니다.
원하는 책은 기획에서 원고 작성, 편집은 물론,
표지 디자인까지 전문가의 손길을 거쳐
완벽하게 만들어 드립니다.
마음 가득 책 한 권 만드는 일이 꿈이었다면
그 꿈에 과감히 도전하십시오!

업무에 필요한 성공적인 비즈니스뿐만 아니라 성공적인 사업을 하기 위한
자기계발, 동기부여, 자서전적인 책까지도 함께 기획하여 만들어 드립니다.
함께 길을 만들어 성공적인 삶을 한 걸음 앞당기십시오!

도서출판 모아북스에서는 책 만드는 일에 대한 고민을 해결해 드립니다!

모아북스에서 책을 만들면 아주 좋은 점이란?

1. 전국 서점과 인터넷 서점을 동시에 직거래하기 때문에 책이 출간되자마자 온라인, 오프라인 상에 책이 동시에 배포되며 수십 년 노하우를 지닌 전문적인 영업마케팅 담당자에 의해 판매부수가 늘고 책이 판매되는 만큼의 저자에게 인세를 지급해 드립니다.

2. 책을 만드는 전문 출판사로 한 권의 책을 만들어도 부끄럽지 않게 최선을 다하며 전국 서점에 베스트셀러, 스테디셀러로 꾸준히 자리하는 책이 많은 출판사로 널리 알려져 있으며, 분야별 전문적인 시스템을 갖추고 있기 때문에 원하는 시간에 원하는 책을 한 치의 오차 없이 만들어 드립니다.

기업홍보용 도서, 개인회고록, 자서전, 정치에세이, 경제 · 경영 · 인문 · 건강도서

모아북스
MOABOOKS

송도호, 행복한 관악을 구민과 함께 꿈꾸다

초판 1쇄 인쇄 2026년 01월 10일
    1쇄 발행 2026년 01월 15일

지은이	송도호
발행인	이용길
발행처	**모아북스** MOABOOKS

관리	양성인
디자인	이룸
홍보	김선아

출판등록번호	제 10-1857호
등록일자	1999. 11. 15
등록된 곳	경기도 고양시 일산동구 호수로(백석동) 358-25 동문타워 2차 519호
대표 전화	0505-627-9784
팩스	031-902-5236
홈페이지	www·moabooks·com
이메일	moabooks@hanmail·net
ISBN	979-11-5849-286-1 03340